# 刑事检察工作指导

**2024年第3辑 · 总第23辑**

主　编／苗生明

主　办／最高人民检察院普通犯罪检察厅、重大犯罪检察厅、
职务犯罪检察厅、经济犯罪检察厅

中国检察出版社

**图书在版编目（CIP）数据**

刑事检察工作指导 . 2024 年 . 第 3 辑 / 苗生明主编 . 北京 : 中国检察出版社 , 2025. 1. -- ISBN 978-7-5102-3161-2

Ⅰ . D925.204

中国国家版本馆 CIP 数据核字第 20257WH999 号

**刑事检察工作指导（2024 年第 3 辑）**

苗生明　主编

---

**责任编辑：** 王　欢

**技术编辑：** 王英英

**美术编辑：** 徐嘉武

---

**出版发行：** 中国检察出版社

**社　　址：** 北京市石景山区香山南路 109 号（100144）

**网　　址：** 中国检察出版社（www.zgjccbs.com）

**编辑电话：**（010）86423780

**发行电话：**（010）86423726　86423727　86423728

（010）86423730　86423732

**经　　销：** 新华书店

**印　　刷：** 河北宝昌佳彩印刷有限公司

**开　　本：** 710 mm × 960 mm　16 开

**印　　张：** 16.5

**字　　数：** 197 千字

**版　　次：** 2025 年 1 月第一版　　2025 年 1 月第一次印刷

**书　　号：** ISBN 978-7-5102-3161-2

**定　　价：** 60.00 元

---

# 《刑事检察工作指导》
# 编 委 会

# 《刑事检察工作指导》
# 特邀编辑

# 目 录

## 【研究动态】



## 【实务研究】



## 【法律人说】

# Benji Tegao
# 本辑特稿

# 人民检察院刑事立案监督制度的发展与完善

苗生明*

刑事立案监督，是人民检察院作为国家法律监督机关和保障国家法律统一正确实施的司法机关，根据宪法、刑事诉讼法赋权，对有关侦查机关刑事立案活动实行的法律监督。加强检察机关刑事立案监督工作，必须坚持以习近平法治思想为指导，深入贯彻党的二十大和二十届三中全会精神，锚定强化对司法活动的制约监督、促进司法公正目标要求，推动健全公正执法司法体制机制，确保执法司法各环节全过程在有效制约监督下运行。要充分认识刑事立案监督制度是中国特色社会主义司法制度、检察制度和刑事诉讼制约监督体系的重要组成部分，在刑事诉讼实践中有效发挥了纠正立案活动违法、及时准确惩罚犯罪、严格控制程序启动、保障公民合法权利的重要作用。新时代新要求和新时期刑事犯罪新变化，对侦查机关刑事立案及检察机关立案监督工作都提出了新的更高要求，需要加强人民检察院立案监督理论研究和实践创新，以期进一步健全完善人民检察院刑事立案制度。

## 一、立案监督的制度沿革

我国刑事立案监督制度的建立完善，充分体现了从实践探索到立法确认、再到制度完善的发展过程。但在宪法定位之下，以理论和实

* 苗生明，最高人民检察院党组成员、副检察长、检察委员会委员，二级大检察官。

践创新强化法律监督、维护国家法律统一正确实施，一直是贯穿始终的法治主线。

（一）1996年刑诉法修正案之前的实践探索

立法层面的立案监督制度，肇始于1996年3月修正、1997年1月施行的刑事诉讼法（以下简称96年刑诉法）。但对立案监督制度的理论探讨和实践探索，远早于此。

理论上的探讨，最早见于1988年。有论者指出，“目前，在侦查活动的立案环节中，仍然存在有法不依，执法不严，违法不究的现象”。要“在立法上确定检察机关侦查监督的范围，应从审查立案开始到审查起诉为止，健全检察立案监督制度”。[①]而后发表于1989年的《关于立案监督问题》[②]，则是最早以立案监督为题的理论文章。论者总结了刑事立案环节存在的有案不立、不破不立、破而不立、以罚代立、立而不究等五方面突出问题，认为“在立案阶段实行监督十分必要”，“是使犯罪分子受到刑事追究，加强社会主义法制建设的需要”。到1990年，立案监督已经成为当年刑诉法学界重点研究的问题之一。[③]

① 赵玉洁、吴高树：《亟需在立法上加强检察机关的侦查监督职能——兼谈对刑诉法第九十四条、第九十九条的修改》，载《当代法学》1988年第4期。

② 参见刘根菊：《关于立案监督问题》，载《法律科学》1989年第5期。

③ 参见王洪祥、陈光中：《刑事诉讼法学》，载《中国法律年鉴（1991年）》，中国法律年鉴出版社1991年版，第864页。其中关于立案监督的综述内容：“一些学者认为，我国宪法、刑事诉讼法都规定，公安机关、人民检察院、人民法院在办理刑事案件中应当分工负责、互相配合、互相制约，立案是刑事诉讼中的一个独立阶段，在司法实践中存在着有案不立，不破不立，以罚代立，立而不究等问题，因此应当建立立案监督制度：1. 上级公、检、法机关对下级机关的立案进行监督。2. 人民检察院对公安机关、人民法院的立案进行监督，应赋予检察机关立案审查权和纠正违法建议权。3. 通过各级人民代表大会进行监督。4. 通过新闻机构进行舆论监督。5. 发动广大群众实行监督。”

与此相呼应的，是各地检察机关针对实践中立案环节存在的各种问题，积极履行法律监督职责，探索开展立案监督工作。1993年，湖南、辽宁、吉林、河南、福建、江西等省检察机关刑事检察部门就对构成犯罪，可能判处有期徒刑以上刑罚而公安机关不立案侦查的，及时提出监督纠正意见。经督促整改仍不侦办的，选择重特大典型刑事案件，依据当时施行的《刑事诉讼法》第13条[①]关于检察机关机动侦查权的规定，直接立案侦查、决定逮捕、提起公诉，“使逍遥法外的罪犯得到了应有的惩处，开拓了法律监督的新领域，增强了监督力度”[②]。这些积极探索得到了最高人民检察院的充分肯定。1994年3月，时任最高人民检察院检察长张思卿在向第八届全国人民代表大会第二次会议所作的工作报告中提到，“去年以来，最高人民检察院突出强调了狠抓严格执法的问题。……各级检察机关严格履行对公安机关侦查活动实施法律监督的职责，一些地方检察机关还开展了对重大刑事案件立案情况的监督。对有关部门有罪不究、搞以罚代刑的，依法督促纠正，经提出纠正意见后仍该立不立、该移送不移送的，依法直接立案侦查、提起公诉”。[③]这也是立案监督工作首次写入最高人民检察院工作报告。

紧接着，在1994年5月召开的全国检察机关第三次刑事检察工作

① 1979年《刑事诉讼法》第13条：“告诉才处理和其他不需要进行侦查的轻微的刑事案件，由人民法院直接受理，并可以进行调解。贪污罪、侵犯公民民主权利罪、渎职罪以及人民检察院认为需要自己直接受理的其他案件，由人民检察院立案侦查和决定是否提起公诉。第一、二款规定以外的其他案件的侦查，都由公安机关进行。”

② 《中国法律年鉴（1994年）》，中国法律年鉴出版社1994年版，第120页。

③ 最高人民检察院检察长张思卿在第八届全国人民代表大会第二次会议上的工作报告（1994年3月15日）。

会议上，时任最高人民检察院刑事检察厅厅长张凤阁在会议报告中提出，“今后一段时期，刑事立案监督仍然是侦查监督的重点……开展刑事立案监督是刑检工作贯彻‘严格执法、狠抓办案、强化法律监督职能’的重要体现。必须明确，法律监督不能只对移送到检察院的案子才监督，对查办刑事案件的全过程都要实行监督”。

第三次全国刑检会后，各级检察机关积极开展立案监督工作，为立案监督制度的建立完善积累了丰富的实践经验。1994年，全国检察机关积极开展对重大刑事案件立案情况的监督，对有关部门有罪不究、以罚代刑的，依法督促纠正，对提出纠正意见后仍该立案不立案、该移送不移送的重大案件，依照刑事诉讼法有关规定直接立案侦查540件。[①]1995年，全国检察机关对有关部门提出纠正意见后仍该立案不立案、该移送起诉不移送的重大案件，直接立案侦查1250件。[②]

在深化实践探索的同时，各级检察机关也在积极推动立案监督制度的建立和完善。如最高人民检察院铁路运输检察厅印发的《关于铁路刑事案件立案监督的意见》（〔1995〕高检铁发第14号），吉林省院制定的《吉林省检察机关直接立案查办刑事案件试行规定》，河南汝阳县院会同公安机关制定的《关于开展立案备案审查监督工作的试行规定》等。

这一时期的立案监督工作，最初主要围绕1979年制定的刑事诉讼法（以下简称79年刑诉法）第13条第2款规定的检察机关机动侦查权开展。经过不断的实践、制度探索，在1995年铁检厅出台的上述意

① 最高人民检察院检察长张思卿在第八届全国人民代表大会第三次会议上的工作报告（1995年3月13日）。

② 最高人民检察院检察长张思卿在第八届全国人民代表大会第四次会议上的工作报告（1996年3月12日）。

见中，确立了建议立案、纠正违法和直接立案三种不同监督方式。其中，建议公安机关立案侦查，指对罪行较轻的一般刑事案件有案不立、有罪不究、以罚代刑的可适用口头建议纠正；对重大刑事案件或有影响的一般刑事案件有案不立、有罪不究、以罚代刑的适用书面建议纠正。纠正公安机关违法，指对特大案件或有影响的重大刑事案件有案不立、有罪不究、以罚代刑的，办理刑事案件中徇私舞弊、私放罪犯的，罚没款、赃款、证据材料湮灭或下落不明的刑事案件，适用《纠正违法通知书》的方式纠正。检察机关直接立案侦查，指经检察建议或纠正违法后，公安机关无正当理由又不采纳检察机关纠正意见的刑事案件或检察机关认为应当直接立案侦查的刑事案件，检察机关应直接立案侦查。

这些制度探索，明确了立案监督的目的任务，丰富了监督的方式途径，为96年刑诉法修改积累了丰富的实践样本和制度经验。

（二）1996年刑诉法修正案对立案监督的立法确认

第八届全国人民代表大会第四次会议通过的《关于修改〈中华人民共和国刑事诉讼法〉的决定》，在总结79年刑诉法施行16年司法实践经验基础上，适应情况的发展变化，对侦查、检察、审判各个环节作了一系列重大修改。其中最重要的修改内容之一，就是加强了人民检察院对刑事诉讼各个环节的监督。

时任全国人大常委会法制工作委员会主任顾昂然在《关于〈中华人民共和国刑事诉讼法修正案（草案）〉的说明》中强调："为了防止或者减少诉讼中的违法行为，正确适用法律，惩罚犯罪，保障无罪的人不受刑事追究，保护诉讼当事人的诉讼权利，草案对诉讼各个环节的监督，主要增加了以下规定：第一，在总则中规定，人民检察院依法对刑事诉讼实行法律监督。第二，人民检察院认为或者被害人提出，公安机关对应当立案侦查的案件而不立案侦查的，人民检察院应当要求公安机关说明不立案的理由。人民检察院认为公安机关不立案理由不能成立的，应当通知公安机关立案，公安机关接到通知后应当立案。第三，……”

自此，在法学界理论创新推动下，各级人民检察院在实践中积极探索开展的立案监督工作得到了刑事诉讼法的立法确认，新增的第87条（现行《刑事诉讼法》第113条）确立了中国特色社会主义立案监督制度。一是在监督线索来源上，规定了“人民检察院认为”和“被害人认为”两种途径；二是在监督方式上，规定了“要求公安机关说明不立案的理由”和“通知公安机关立案”两种方式；三是为保证监督刚性，新增的条文还明确规定了“公安机关接到通知后应当立案”。

根据修正后的刑事诉讼法，最高人民检察院于1997年1月印发《人民检察院实施〈中华人民共和国刑事诉讼法〉规则（试行）》（高检发释字〔1997〕1号，以下简称97年规则），以专节7个条文对立案监督制度作出进一步实施规定。除对《刑事诉讼法》第87条的细化外，重点内容还包括：一是明确机动侦查权在立案监督工作中的应用；二是建立通知立案的备案审查制度；三是规定对自侦案件的立案监督。

1998年1月，最高人民法院、最高人民检察院、公安部等六部委联合制定《关于刑事诉讼法实施中若干问题的规定》（以下简称六部委规定），规定公安机关收到人民检察院《要求说明不立案理由通知书》后应当于7日内答复，收到《通知立案书》后应当于15日内决定立案。同年5月，公安部修订《公安机关办理刑事案件程序规定》，吸收了刑诉法和六部委规定内容。

围绕《刑事诉讼法》第87条的贯彻落实，以上司法解释、部门规定中的相关条款初步构建了我国立案监督制度体系，为检察机关依法、充分履行法律监督职责，及时纠正公安机关应当立案不立案、打击犯罪不到位等突出问题提供了坚实的法律依据，在司法实践中发挥了重要作用。

（三）1996 年以来立案监督制度的发展变化

1996 年修正后，刑事诉讼法关于立案监督的条文表述在 2012 年、2018 年两次修正中均未作出修改。但随着近 30 年来立案监督实践的不断丰富、对立案监督的理解认识不断深化，立案监督制度随着时代发展、实践需要和执法司法工作重点变化，不断变化调整、丰富完善。除相关操作性规定不断细化完善外，主要变化集中在以下几个方面。

1. 撤案监督制度的健全。对“应立不立”的监督立案和对“不应立而立”的监督撤案，是人民检察院依法对公安机关立案活动实行监督的“一体两面”。但 1996 年修改刑事诉讼法时，一方面由于当时更为突出的实践问题是“应当立案而不立案”的问题，另一方面受限于当时对侦查监督的理解，认为对“不应当立案而立案”的监督可以在后续的审查批捕、审查起诉环节进行，因此，在刑诉法条文中并未明确检察机关的撤案监督职能。这也成了 96 年刑诉法公布后，法学界对新刑诉法批评较为集中的问题之一。

为了填补这一制度缺口，满足监督实践需要，最高检在 1999 年制发的《人民检察院刑事诉讼规则》（高检发释字〔1999〕1 号，以下简称 99 年规则）中，增加了监督撤案的规定，即“对于公安机关不应当立案而立案侦查的，人民检察院应当向公安机关提出纠正违法意见”。主要考虑是，“对于不应当立案而公安机关立案侦查的，人民检察院可以通过审查逮捕、审查起诉活动进行监督。但人民检察院在此前发现公安机关不应当立案而立案的情况的，也应及时提出纠正意见。发现公安机关在立案中有其他违法行为的，不论是在哪一个阶段发现的，均应依法提出纠正意见，切实发挥诉讼监督职能”。[①]

99 年规则施行后，检察机关立案监督工作得到全面推进，“全国大部分省级检察院制定了立案监督工作办法……一些地方还对公安机关不应当立案而立案的案件的监督以及对自侦案件的监督进行了积极探索”。[②] 随即，最高检又于 2000 年 1 月制发《人民检察院立案监督工作问题解答》（〔2000〕高检捕发第 1 号），强调“人民检察院发现公安机关不应当立案而立案侦查的，应当认真慎重地审查，公安机关确属不应当立案而立案的，根据《人民检察院刑事诉讼规则》第 378 条的规定，对公安机关没有提请批准逮捕的，可以向公安机关提出纠正违法意见”。

2004 年 3 月，贾春旺检察长在第十届全国人民代表大会第二次会议上报告，2003 年全国检察机关“加强刑事诉讼监督。坚持打击犯罪与保障人权并重……在侦查监督中，对侦查机关应当立案而不立案的，监督立案 22575 件，对不应当立案而立案的，监督撤销案件 2552 件”。这是监督撤案首次写入最高人民检察院工作报告。

2008 年，进一步完善监督撤案机制被纳入中央司改任务。中央政法委在《关于深化司法体制和工作机制改革若干问题的意见》中明确提出，要“完善刑事立案监督工作机制”，“完善检察机关对侦查机关违反规定不应当立案而立案和应当立案而不立案的监督机制，确保侦查权的正确行使”。随即，最高检于 2009 年 12 月印发《关于进一步加强对诉讼活动法律监督工作的意见》（高检发〔2009〕30 号），提出要“探索完善对不应当立案而立案的监督机制。依法监督纠正用刑事

---

① 陈国庆：《人民检察院刑事诉讼规则释义与适用》，警官教育出版社 1999 年版，第 408 页。

② 《中国法律年鉴（2000 年）》，中国法律年鉴出版社 2000 年版，第 150 页。

手段插手经济纠纷以及出于地方保护、部门保护而违法立案等行为。发现侦查机关违反法律规定不应当立案而立案或者违反管辖规定立案的，应当通知纠正”。

2010年10月，最高人民检察院、公安部落实中央司改任务，联合制定《关于刑事立案监督有关问题的规定（试行）》（高检会〔2010〕5号），对检察机关立案监督工作作了系统规定，特别是对于撤案监督而言，第一次有了司法解释层面的制度规范，将监督撤案的范围明确为“公安机关可能存在违法动用刑事手段插手民事、经济纠纷，或者办案人员利用立案实施报复陷害、敲诈勒索以及谋取其他非法利益等违法立案情形，且已采取刑事拘留等强制措施或者搜查、扣押、冻结等强制性侦查措施，尚未提请批准逮捕或者移送审查起诉的”。

此后，2012年的《人民检察院刑事诉讼规则（试行）》（高检发释字〔2012〕2号）、2019年的《人民检察院刑事诉讼规则》（高检发释字〔2019〕4号），以及2017年的最高人民检察院、公安部《关于公安机关办理经济犯罪案件的若干规定》（公通字〔2017〕25号），大体上沿袭了2010年立案监督规定中关于监督撤案的规定，主要变化：一是2012年规则取消了2010年立案监督规定第6条中“已采取刑事拘留等强制措施或者搜查、扣押、冻结等强制性侦查措施”对监督撤案范围的限制；二是在2017年的办理经济犯罪案件规定中，增加了强制措施解除后撤销案件的规定。

值得注意的是，由于刑诉法一直未能就监督撤案作出规定，也由于公安机关、检察机关诉讼角色、职能定位不同，导致双方对司法解释中监督撤案范围的理解存在差异。一些地方公安机关认为人民检察院的监督撤案范围仅限于经济犯罪案件，即“公安机关违法动用刑事手段插手民事、经济纠纷，或者办案人员利用立案实施报复陷害、敲诈勒索以及谋取其他非法利益”的违法立案情形，而检察机关则对监督撤案范围中的“等违法立案情形”作了更宽泛的解释，即“除了该条列举的插手经济纠纷、报复陷害、敲诈勒索、谋取非法利益四种严重违法立案情形外，还包括其他明显违反法律规定予以刑事立案的情形，如没有证据证明有犯罪事实发生或虽有犯罪事实发生但不是犯罪嫌疑人所为，公安机关仍予以立案的，或者对明显不构成犯罪或者依法不应追究刑事责任的人立案的，等等”。[①]这一理解上的差异，一定程度上影响了检察机关监督撤案工作的充分、有效开展。而近年来愈益突出的另一个问题是，现有的监督撤案规定，监督的对象均被限定为公安机关“不应当立案而立案”的“错误立案”，而对于立案时符合法定条件，但因为各种原因，案件没有继续侦查取证空间的，能否监督公安机关撤销案件，实践中存在较大分歧。长期以来实践中存在的刑事“挂案”问题，一定程度上就是肇因于此。

2.“两法衔接”机制的确立。1979年7月第五届全国人民代表大会第二次会议通过的《中华人民共和国人民检察院组织法》删除了对检察机关“一般监督”职能的规定，同时制定的79年刑诉法也未规定检察机关对行政机关移送犯罪线索的监督。

此项职责最早来自2001年7月国务院制定的《行政执法机关移送涉嫌犯罪案件的规定》（中华人民共和国国务院令第310号，后于2020年由国务院令第730号修订）。在此行政法规中，除了强调检察机关对公安机关不立案决定的立案监督外，还在第14条明确规定了检

① 《侦查监督部门实施刑事诉讼法若干问答》（高检侦监〔2014〕3号）问11：如何理解《人民检察院刑事诉讼规则（试行）》第555条第2款规定的“等违法立案情形”？

察机关对行政机关移送犯罪线索的监督职责，即“行政执法机关移送涉嫌犯罪案件，应当接受人民检察院和监察机关依法实施的监督。任何单位和个人对行政执法机关违反本规定，应当向公安机关移送涉嫌犯罪案件而不移送的，有权向人民检察院、监察机关或者上级行政执法机关举报”。

此后，最高检于2001年9月通过的《人民检察院办理行政执法机关移送涉嫌犯罪案件的规定》（高检发释字〔2001〕4号），明确了各级人民检察院对行政执法机关不移送涉嫌犯罪案件的可以提出检察意见，并于2004年3月、2006年1月，牵头会同全国整顿和规范市场经济秩序领导小组办公室、公安部等部门制发《关于加强行政执法机关与公安机关、人民检察院工作联系的意见》《关于在行政执法中及时移送涉嫌犯罪案件的意见》，从行政机关移送、公安机关立案、检察机关立案监督、建议行政机关移送等方面，对“两法衔接”工作机制作出规定。2005年3月，检察机关“建议行政执法机关向公安机关移交涉嫌犯罪案件”情况首次写入最高人民检察院工作报告。[①]

2011年，中共中央办公厅、国务院办公厅转发国务院法制办等部门《关于加强行政执法与刑事司法衔接工作的意见》（以下简称“两法衔接”意见），进一步明确“人民检察院发现行政执法机关不移送或者逾期未移送的，应当向行政执法机关提出意见，建议其移送”。同

① 最高人民检察院检察长贾春旺在第十届全国人民代表大会第三次会议上的工作报告（2005年3月9日）。

时，按照刑诉法已有规定[①]，增加了“反向衔接”的内容，即“人民检察院对作出不起诉决定的案件、人民法院对作出无罪判决或者免予刑事处罚的案件，认为依法应当给予行政处罚的，应当提出检察建议或者司法建议，移送有关行政执法机关处理”。至此，“两法衔接”在行政法规层面的制度框架基本搭建完成。

此后，最高检在2012年制定新的刑诉规则时，在“刑事立案监督”一节中增加规定：“人民检察院接到控告、举报或者发现行政执法机关不移送涉嫌犯罪案件的，应当向行政执法机关提出检察意见，要求其按照管辖规定向公安机关或者人民检察院移送涉嫌犯罪案件。”将“两法衔接”工作纳入刑事立案监督范畴。

3. 机动侦查权的退出。刑诉法关于检察机关机动侦查权的规定，是检察机关最初开展立案监督工作，确保监督刚性的重要依据之一。79年刑诉法第13条关于“人民检察院认为需要自己直接受理的其他案件，由人民检察院立案侦查和决定是否提起公诉”的规定，为96年刑诉法修改前的立案监督工作提供了必要的制度空间，有力推动了立案监督制度的建立完善。

96年刑诉法修改，在明确检察机关立案监督职能的同时，将检察机关的机动侦查权限缩为“对于国家机关工作人员利用职权实施的其

---

① 需要说明的是，96年刑诉法修正时，新增的第142条中规定了“反向衔接”的内容，即“人民检察院决定不起诉的案件，应当同时对侦查中扣押、冻结的财物解除扣押、冻结。对被不起诉人需要给予行政处罚、行政处分或者需要没收其违法所得的，人民检察院应当提出检察意见，移送有关主管机关处理。有关主管机关应当将处理结果及时通知人民检察院”。但立法机关制定该款，主要是因为取消免予起诉制度后，考虑到检察机关不是行政机关，由其执行行政处罚、处分不符合检察机关的职责，故而作出的提示性规定。此条规定在长期的不起诉实践中，并未得到有效执行。因此，“两法衔接”机制建立之初，未包含“反向衔接”的内容。

他重大的犯罪案件，需要由人民检察院直接受理的时候，经省级以上人民检察院决定，可以由人民检察院立案侦查”。与此相应，97年规则和99年规则在“立案监督”一节中，关于通知立案后公安机关不予立案的机动侦查权范围也被限定为：“由公安机关管辖的国家机关工作人员利用职权实施的重大犯罪案件。”

2018年刑诉法修改，在适应国家监察体制改革，调整检察侦查管辖范围的同时，仅对检察机关机动侦查权条文作了文字表述上的修改[①]，在此背景下，随后修订的《人民检察院刑事诉讼规则》（高检发释字〔2019〕4号）删除了97年规则、99年规则和12年规则中关于检察机关通知立案后开展机动侦查的规定[②]。该条被删除后，虽然人民检察院仍然可以根据刑诉法、刑诉规则关于机动侦查权的规定，对部分类型案件立案侦查，但一定程度上弱化了立案监督与机动侦查权的关联，弱化了立案监督的制度体系。

## 二、立案监督制度分析

自20世纪80年代末立案监督进入理论、实践视野以来，伴随着30多年的发展历程，各界对刑事立案监督制度的理解认识和理论研究不断深化、完善，同时也有力指导着人民检察院立案监督职能的创新发展。

---

① 18年刑诉法第19条第2款：“……对于公安机关管辖的国家机关工作人员利用职权实施的重大犯罪案件，需要由人民检察院直接受理的时候，经省级以上人民检察院决定，可以由人民检察院立案侦查。”

② 12年规则第561条：对于由公安机关管辖的国家机关工作人员利用职权实施的重大犯罪案件，人民检察院通知公安机关立案，公安机关不予立案的，经省级以上人民检察院决定，人民检察院可以直接立案侦查。

（一）立案监督的理论基础

1. 法律监督理论。中国特色社会主义检察制度，是在列宁的法律监督思想指导下，根据我国的国体、政体、国情和制度传统建立和发展起来的。[①]法律监督的根本目的，或者说检察机关的根本任务，是维护法制的统一正确实施。特别是在“文化大革命”结束后的社会主义法制重建过程中，时任全国人大法制委员会主任的彭真强调，“……检察院的性质是国家的法律监督机关。列宁在十月革命后，曾坚持检察机关的职权是维护国家法制的统一。我们的检察院组织法运用列宁这一指导思想”[②]。刑事立案作为刑事诉讼的重要环节，也是刑法、刑事诉讼法实施的重要一环，当然地应当纳入检察机关法律监督范围，以检察机关对立案活动的监督，确保刑法、刑事诉讼法的统一正确实施。

特别是党的十八大以来，习近平法治思想作为马克思主义法治理论中国化的最新成果，把法治监督作为党和国家监督体系的重要内容，对完善权力运行制约和监督体系提出了更高要求。检察机关法律监督作为法治监督的重要方面，自然也被赋予了更重的职责使命。2021 年 6 月印发的《中共中央关于加强新时代检察机关法律监督工作的意见》（以下简称《意见》），强调要“强化刑事立案、侦查活动和审判活动监督”，进一步明确了刑事立案监督是检察机关履行法律监督职责的重要方面，是构建严密的法治监督体系的必要组成。

2. 权力制衡理论。刑事立案在我国刑事诉讼中是一个独立的诉讼环节，标志着国家追诉犯罪程序的正式启动。由于我国未采取大陆法系国家的检察指挥侦查、检察指导侦查的立法模式，立案环节更多体现的是刑事诉讼三机关“分工负责、互相配合、互相制约”中的“分

① 参见朱孝清：《论检察》，中国检察出版社 2014 年版，第 47—102 页。
② 彭真：《关于七个法律草案的说明》，载《人民日报》1979 年 1 月 1 日。

工负责”，绝大部分刑事案件的立案权由公安机关独立行使，未设置专门的制约机制。同时，我国的公安机关还拥有行政违法案件的处置权限，这导致公安机关在具体案件的处理上，有较大的程序选择空间。因此，对公安机关的立案权进行严格的法律和实践控制十分必要。①

3. 正当程序理论。刑事诉讼的重要任务之一，是正确应用法律、惩罚犯罪分子、实现国家刑罚权。而国家刑罚权的正当实现，要求公权力机关的每一个诉讼行为符合法定程序、标准。刑事立案作为刑事诉讼活动的开端，必须依照法定程序、符合法定标准，否则可能影响侦查取证行为和强制措施、强制性侦查措施的合法性，“污染”后续的诉讼活动。因此，有必要加强监督，保护刑事诉讼源头的合法性、正当性。

4. 权利救济理论。现代刑事司法制度的重要特征之一，是国家以合法采取的国家暴力实现国家刑罚权，救济和修复受损的社会关系，同时剥夺了被害人的自力救济权。这种制度设计符合现代国家理论，有其制度合理性和历史必然性，但同时也不可避免地给刑事案件当事人带来一定的诉讼风险。其一，是对被害人的权利救济能否实现，将完全取决于案件能否被纳入国家公力救济视野，能否进入刑事诉讼程序；其二，是犯罪嫌疑人或者普通公民的合法权利，在公权力决定介入的同时，将被合乎程序地置于诉讼风险之中。这两种风险，在侦查机关独立掌握刑事诉讼程序的启动权，即刑事立案权的制度下，更容易被放大而造成现实损害，同时，这种损害往往难以通过当事人向决定机关提出的控告、申诉获得救济。因此，在诉讼制度上有必要为普通公民提供一个获取其他公权力机关公力救济的渠道，即以检察机关

① 参见孙谦：《刑事立案与法律监督》，载《中国刑事法杂志》2019 年第 3 期。

立案监督，有效保障案件当事人启动或者不启动刑事诉讼程序的救济权利。

（二）立案监督的制度依据

1. 立法授权。宪法是人民检察院行使立案监督权的根本渊源。新中国第一部宪法，即1954年宪法中，就赋予了人民检察院维护法制统一的广泛的“一般监督”权①。“文化大革命”后，在重建社会主义法制体系过程中，立法机关在吸取“砸烂公检法”错误教训基础上，1982年制定的宪法，以及之前制定的1979年《中华人民共和国人民检察院组织法》中明确规定：“中华人民共和国人民检察院是国家的法律监督机关。”以此确立了检察机关国家法律监督机关的宪法法律定位。

以此为依据，人民检察院根据监督需要、针对实践问题，创新开展了对刑事立案活动的检察监督。张思卿检察长在1994年第一次向全国人大报告人民检察院开展立案监督工作时，就特别说明了开展这项工作的背景，是为了“狠抓严格执法的问题”“重点抓了有罪不究、以罚代刑的问题”；而主要所依据的，是“认真履行宪法和法律赋予的法律监督职责，加强对有关部门的执法监督”，“各级检察机关严格履行对公安机关侦查活动实施法律监督的职责，一些地方检察机关还开展了对重大刑事案件立案情况的监督”。在1994年5月召开的全国检察机关第三次刑事检察工作会议上，时任刑事检察厅厅长张凤阁在谈及立案监督工作时，还针对各地认识不统一、对立案监督工作心存顾虑的问题，专门强调要“消除顾虑。开展刑事立案监督是刑检工作贯

① 1954年《宪法》第81条第1款：中华人民共和国最高人民检察院对于国务院所属各部门、地方各级国家机关、国家机关工作人员和公民是否遵守法律，行使检察权。

彻‘严格执法、狠抓办案、强化法律监督职能’的重要体现。必须明确，法律监督不能只对移送到检察院的案子才能监督，对查办刑事案件的全过程都要实行监督……刑事立案监督于法有据，不存在‘越权’的问题，放弃监督则有失职守”。自此，立案监督工作成为最高检历任检察长在工作报告中常态化报告的重要监督履职内容，并得到历届全国人大的决议肯定。

至96年刑诉法在总则部分增加“人民检察院依法对刑事诉讼实行法律监督”的原则规定，宪法、人民检察院组织法和刑事诉讼法完整构成了人民检察院对刑事立案活动实行法律监督的权力渊源。

需要说明的是，1954年制定的《人民检察院组织法》规定了人民检察院的职权包括“对于侦查机关的侦查活动是否合法，实行监督”。但由于79年刑诉法在确立刑事“立案”制度时，在第二编分三个章节并列规定了“立案”“侦查”和“提起公诉”，使得“立案”与“侦查活动”成为了互不包含的并行概念。这一定程度上导致54年组织法规定的检察机关对侦查活动是否合法的监督，无法涵盖对立案活动的监督。这一问题虽然通过79年组织法第1条关于检察机关是国家法律监督机关的原则规定得到了解决，但在关于检察机关职权的规定中，54年组织法的表述一直被沿用，给检察机关行使立案监督职权带来了一些解释上的困难。直至2018年组织法修订，相关表述被修改为“对诉讼活动实行法律监督”，彻底解决了这一职权解释上的困难。

2. 制度建构。在宪法法律授权、立法机关认可的前提下，立案监督制度随着立法和司法实践变化不断健全完善，初步构建了相对完善、具有一定可操作性的制度体系。

一是立法和带有立法解释性质的文件对狭义立案监督作出规定。现行刑诉法第113条（96年刑诉法第87条）是检察机关监督公安机关应当立案而不立案，也即最狭义立案监督的法律依据。同时，2012 年出台的“六部委”《关于实施刑事诉讼法若干问题的规定》吸收了 1998 年“六部委”规定中关于监督立案的内容，并由于有全国人大常委会法工委的参与，赋予了该规定更高的效力位阶。

需要注意的是，现行刑诉法第 19 条中关于检察机关机动侦查权的规定，虽然未在刑诉规则立案监督相关规定中有所体现，但无论从条文内容看，还是从制度沿革看，抑或是从立案监督的体系完善看，都应当作为人民检察院开展立案监督工作的重要手段。

二是司法解释和司法解释性质的文件构建了完整的立案监督制度实施体系。《人民检察院刑事诉讼规则》作为司法解释，相对完整地系统规定了人民检察院立案监督制度，内容涉及监督立案、监督撤案和“两法衔接”等；2010 年最高检、公安部制定的《关于刑事立案监督有关问题的规定（试行）》则是在 99 年刑诉规则基础上，较早就监督撤案作出细化规定的司法解释性质文件，该部分内容又被此后修订的刑诉规则吸收。

三是部门规章和行政法规、党内法规对相关制度、相关领域的立案监督进行了细化。如《公安机关办理刑事案件程序规定》对监督立案作了细化；国务院修订的《行政执法机关移送涉嫌犯罪案件的规定》和中办、国办转发的《关于加强行政执法与刑事司法衔接工作的意见》对“两法衔接”工作作了规定；最高检、公安部共同修订的《关于公安机关办理经济犯罪案件的若干规定》则是对经济犯罪领域的监督立案、监督撤案作了专门规定。

此外，最高检、公安部及一些行政执法机关还分别就法律法规的理解适用、立案监督相关具体工作机制等，出台了其他规范性文件或者指导性意见，与前述三类具有法律效力的制度依据共同构成了目前的立案监督制度的规范体系。

（三）立案监督的经验总结

1. 坚持党的领导。立案监督制度的建立过程，是党不断赋予检察机关新的法律监督职责使命的过程。从82年宪法确立检察机关法律监督机关的宪法定位，到2008年监督撤案被列为中央司改任务，再到2010年中办、国办通过转发“两法衔接”意见肯定了检察机关对行政执法机关移送涉嫌犯罪案件的监督履职，党的领导指引着检察机关在中国特色社会主义法治道路上，一步步建立完善了立案监督制度，成为了中国特色社会主义检察制度重要组成部分。与此同时，在党的领导下不断健全、完善立案监督制度，不断满足人民群众对公平正义的更高需求，也是检察机关必须承担的政治任务和职责使命。

2. 坚持实践导向。实践导向、问题导向贯穿立案监督制度建立和完善的全过程。20世纪90年代的有案不立、不破不立；21世纪初的以刑事手段插手经济纠纷，出于地方保护、部门保护而违法立案，以及对扰乱市场经济秩序行为的“执法不严、违法不究、有案不移、有案难移、以罚代刑”问题，是推动建立监督立案、监督撤案、“两法衔接”制度的直接动因。近年来，随着经济社会发展、市场行为及相关行政执法行为更加活跃，以刑事手段插手经济纠纷和行政执法机关有案不移、有案难移、以罚代刑的问题更加突出。同时，包括经济案件在内的各类刑事案件立而不侦、侦而不结的问题日益突出，使犯罪嫌疑人长期被置于诉讼风险中，严重侵害当事人合法权益、损害司法权威、影响诉讼效率。以上问题，都需要检察机关更好发挥立案监督职能作用，推动解决实践中存在的突出问题。

3. 坚持守正创新。守正创新是我们党在新时代治国理政的重要思想方法，是推动建立和完善中国特色社会主义法治体系、中国特色社会主义检察制度的强大动力。立案监督，是检察机关在党的绝对领导下、在宪法法律框架下，积极应对实践问题、满足人民群众需要，不断推动理论创新、实践创新、制度创新和机制创新的制度成果。面对新时代新征程、新形势新问题，检察机关更应当坚守国家法律监督机关之本和保障国家法律统一正确实施之责，积极适应信息时代发展，创新手段方式方法，推动立案监督制度、机制现代化，推动健全公正执法司法体制机制。

## 三、立案监督制度的发展完善

立案监督30年，从无到有，从单一到多元，制度日益完善，体系日益完备，履职更加充分，监督更加规范，在规范刑事立案、维护司法公正方面发挥了积极作用。2016年11月，第十二届全国人大常委会第二十四次会议在听取和审议《最高人民检察院关于加强侦查监督、维护司法公正情况的报告》时认为，“近年来各级检察机关忠实履行宪法法律赋予的职责，不断完善工作机制，侦查监督工作取得新进展新成效，有力维护了司法公正”。① 但与此同时，立案监督工作也面临一些突出问题和困难，如监督理念存在偏差、监督履职不规范、线索发现能力不足、调查核实能力不足、立案后跟踪督促不力等，严重影响检察机关高质效履行立案监督职责，“检察机关法律监督职能作用发挥还不够充分”②。近年来，特别是党的十八大以来，新时代新任务、新发展新情况更是对检察机关深入贯彻习近平法治思想，依法、充分、

① 《最高检党组召开党组会传达贯彻全国人大常委会对最高检侦查监督工作报告和公益诉讼试点中期报告的审议意见》，载《检察日报》2016年11月18日。

② 《中共中央关于加强新时代检察机关法律监督工作的意见》。

规范履行立案监督职责，提出了新的更高要求。

（一）新时代新任务

党的十八大以来，以习近平同志为核心的党中央从坚持和发展中国特色社会主义的全局和战略高度定位法治、布局法治、厉行法治，创造性提出了关于全面依法治国的一系列新理念新思想新战略，形成了习近平法治思想。习近平法治思想是习近平新时代中国特色社会主义思想的重要组成部分，是全面依法治国的根本遵循和行动指南，对检察机关依法忠实履行法律监督职责，补齐法律执行和实施短板，满足人民群众在民主、法治、公平、正义、安全、环境等方面的新需求提出了更高要求。

在习近平法治思想的指导下，2021 年 6 月的中共中央《意见》强调，要“强化刑事立案、侦查活动和审判活动监督。及时发现和纠正应当立案而不立案、不应当立案而立案、长期‘挂案’等违法情形，坚决防止和纠正以刑事手段插手民事纠纷、经济纠纷。增强及时发现和纠正刑讯逼供、非法取证等侦查违法行为的能力，从源头上防范冤假错案发生”。此后，党的二十大报告强调，要“强化对司法活动的制约监督，促进司法公正。加强检察机关法律监督工作”。党的二十届三中全会报告再次强调，要“健全公正执法司法体制机制……确保执法司法各环节全过程在有效制约监督下运行”。“加强人权执法司法保障，完善事前审查、事中监督、事后纠正等工作机制。”“加强产权执法司法保护，防止和纠正利用行政、刑事手段干预经济纠纷，健全依法甄别纠正涉企冤错案件机制。”

依法加强和规范刑事立案监督，是检察机关学习贯彻习近平法治思想，落实党的二十大、二十届三中全会精神和《意见》部署，增强“四个意识”、坚定“四个自信”、做到“两个维护”，坚持党对全面依法治国的领导、坚持以人民为中心、坚持建设中国特色社会主义法治体系和坚持全面推进科学立法、严格执法、公正司法、全民守法等原则，以更加充分、全面的监督履职努力让人民群众在每一个司法案件中感受到公平正义的必然要求。

（二）新发展新情况

1.“捕诉一体”新模式。自2018年以来，为积极适应国家司法体制和监察体制改革给检察工作带来的新要求，检察机关自上而下开展了“捕诉一体”办案机制改革，由同一办案组或检察官全过程负责同一刑事案件的审查逮捕、审查起诉、出庭支持公诉、抗诉，侦查监督、审判监督以及相关案件的补充侦查工作。“在监督中办案，在办案中监督”“把履行法律监督职能和检察办案融为一体”成为对检察监督办案工作提出的新的更高要求，体现新的“监督一体”特点。特别是对立案监督工作而言，监督工作贯穿立案侦查、审查批捕、审查起诉等多个诉讼环节，一方面，监督立案工作（包括监督立案后的跟踪督促、引导侦查）的质量效果直接影响着后续的案件办理效果；另一方面，后续办案环节的质量也影响着对立案监督工作质效的评价。这必然对立案监督工作提出了更高要求。

2. 侦监协作新机制。2021年10月以来，最高检、公安部升级完善原派驻检察机制，先后会签下发最高人民检察院、公安部《关于健全完善侦查监督与协作配合机制的意见》《人民检察院公安机关侦查监督与协作配合办公室工作规范》，统一了检警机关对侦查监督和协作配合的理解认识，明确了监督制约、协作配合和信息共享等14项具体任务，并就侦监协作办公室的实质化、规范化、体系化运行作出规定。这项机制的建立，是对中国特色社会主义司法制度的新探索、新发展，对规范和加强融监督制约与协作配合为一体的检警关系、健全完善刑事诉讼运行模式具有深远意义。从实践运行的情况看,“在监督中协作、在协作中监督”的新型监督履职模式日趋成熟完善，改变了“监督是监督、协作是协作”的“割裂”“二元”模式。与检察机关履行立案监督职责相关的线索来源、纠正方式、跟踪督促等，均不同程度地发生了变化。这也对立案监督工作的创新发展提出了新的要求。

3. 执法司法新问题。立案监督进入理论研究和检察监督视野，主要针对的是当时刑事立案活动中存在的“错误不立案”问题；监督撤案被纳入立案监督制度体系，主要针对的是以“刑事手段插手经济纠纷”为代表的“错误立案”问题。但从近些年的司法实践看，一是执法司法不作为、慢作为形成的长期“挂案”，已经成为目前司法实践中的突出问题，对严格执法、公正司法造成了严重影响；二是随着信息技术飞速发展、经济社会活动日益复杂，新类型案件、民刑交叉案件、行刑交叉案件日益增多，民事纠纷、经济纠纷与刑事犯罪的界限愈发难以把握，错误立案、错误不立案的风险也日益提升；三是随着犯罪结构变化，没有直接被害人，以公共利益、公共安全为侵害对象的犯罪更加多发常见，此类案件往往行为手段、危害结果都更加隐蔽，难以通过传统的控告、举报发现，造成部分犯罪“应发现未发现”“应追究未追究”。面对以上新问题，检察机关作为宪法法律规定的法律监督机关，有责任和义务以更加充分、全面、规范的监督履职，及时纠正这些案件背后存在的“应当撤案而不撤案”“不应当立案而立案”“应当立案不（未）立案”等破坏法制统一正确实施的问题。

4. 数字检察新手段。数字化、信息化推动法律监督模式变革。从近年来的数字检察实践看，数字赋能立案监督，一是整体提升了检察机关筛查发现立案监督线索的能力，有效破解长期以来制约检察机关监督履职的“线索发现难”问题；二是通过数字模型发现的违法犯罪线索方向明确、质量更高，线索成案率高于一般途径发现的线索，有效提升了监督效果；三是数字模型从刑事个案办理中提炼类案监督规则，聚焦滋生违法犯罪的社会治理“空白领域”“灰色地带”，能够精准发现类案背后的系统性、链条性治理漏洞和行业管理突出问题，推动刑事办案规则向社会治理规则转化。

（三）立案监督的创新发展

面对新任务新情况，立案监督制度需要在总结30年发展历程基础上，针对制约监督履职的突出问题，完善监督体系、提升监督能力、创新监督方式、规范监督程序，以刑事立案监督的创新发展，切实提升刑事立案监督质效。

1. 丰富制度内涵，推动立案监督业务创新。立足检察机关法律监督机关的宪法法律定位，立足监督实践需要及创新探索，应当对立案监督的内涵与外延进行再认识、再拓展，对于检察机关为确保刑事立案程序依法、准确、及时，保障刑事侦查权的正确行使、国家法律的统一正确实施，实现惩罚犯罪与保障人权的统一，围绕刑事立案开展的各类监督履职工作，一并纳入立案监督范畴。即：一方面，检察机关对于履职发现的有犯罪事实需要追究刑事责任，公安机关未立案侦查的所有情形，均应当推动和监督公安机关依法及时立案，保证准确、及时查明犯罪事实，惩罚犯罪分子；另一方面，检察机关对于履职发现的公安机关已经立案的犯罪嫌疑人符合不应追究刑事责任的所有情形，均应当督促、监督公安机关及时撤销案件或终止侦查，保障无罪的人不受刑事追究。

2. 健全制度体系，推动立案监督方式创新。立足“捕诉一体”、侦监协作新机制和数字检察新手段，针对执法司法新问题，应当进一步健全完善立案监督制度体系。

一是规范开展"监督立案"，即检察机关发现公安机关可能存在应当立案侦查而不立案侦查，或受案后未在规定期限内作出是否立案决定的，应当依法进行审查。认为需要公安机关说明不立案理由的，应当要求说明不立案理由。认为理由不成立的，应当通知公安机关立案。

二是规范开展"监督撤案"，即检察机关发现公安机关可能存在不应当立案侦查而立案侦查的，应当依法审查。认为需要公安机关说明立案理由的，应当要求说明立案理由。认为理由不成立的，应当通知公安机关撤销案件。

三是将"建议行政执法机关移送"纳入立案监督制度体系，即检察机关对于经调查核实，认为行政执法机关不移送涉嫌犯罪案件的，应当向行政执法机关提出检察意见，建议其按照管辖规定向公安机关移送涉嫌犯罪案件，并将案件材料抄送检察机关。

四是加强刑事立案环节的监督协作。对于公安机关尚未发现，而检察机关通过应用大数据法律监督模型等数字化、信息化手段，以及接受控告举报等途径发现的涉嫌犯罪线索；在开展提前介入、案件会商等侦查监督与协作配合工作中，发现公安机关尚未立案侦查，也未作不立案处理的涉嫌犯罪线索；对于告诉才处理的案件，根据相关法律规定应当适用公诉程序办理的，经调查核实认为有犯罪事实需要追究刑事责任的，可以向公安机关提出立案侦查的建议，深化侦查监督与协作配合，形成深挖犯罪、惩治犯罪的合力。

五是加强刑事"挂案"清理中的监督协作。对犯罪嫌疑人已到案但长期未结的刑事"挂案"加强跟踪监督，通过重大疑难案件听取意见等方式，引导、督促公安机关积极开展侦查工作，对继续侦查必要性、可行性进行分析研判。对于有侦查取证空间的，及时侦查终结、移送起诉；对于证明基本犯罪事实的主要证据确无查证可能、在案证据材料无法达到侦查终结标准的，检察机关可以向公安机关提出撤销案件或者终止侦查的建议。

六是明确“机动侦查”与立案监督工作的制度关联，即恢复原刑诉规则中关于机动侦查立案监督案件的规定，对于符合检察机关机动侦查权管辖范围的案件，经通知公安机关立案而公安机关不立案，或者怠于侦查、久侦不结的，经省级以上人民检察院决定，可以由人民检察院立案侦查。下步修改刑诉法时，还可以建议适当拓展机动侦查的立案监督案件范围。

3. 完善工作机制，推动立案监督机制创新。针对影响检察机关高质效开展立案监督工作的内外部问题，应当对立案监督相关工作机制进行健全完善。

一是持续深化侦查监督与协作配合机制。充分发挥侦查监督与协作配合机制及办公室的组织协调、监督协作、督促落实、咨询指导作用，推动检察机关立案监督与公安机关执法监督有机贯通、相互协调。特别是加强对立案监督案件的跟踪督促、引导侦查，确保立案监督案件的侦、捕、诉质量。此外，可以探索将数字赋能立案监督工作纳入侦监协作机制办公室职责范围，以侦监协作办公室作为深入融合数字检察和刑检业务的抓手和结合点，统筹数据共享、模型应用和线索移送等工作，在充分发挥办公室平台、枢纽作用的同时，一方面解决模型应用对人员力量保障的需求，另一方面实现办公室实质化运行目标。

二是健全完善与公安机关、行政执法机关的信息共享机制。及时发现监督线索是加强立案监督工作的前提和基础。检察机关要积极推进与公安机关、行政执法机关的跨部门大数据协同办案，打破执法司法“信息孤岛”“数据壁垒”，实现执法办案信息的互联互通。一方面，结合侦查监督与协作配合办公室建设和实质化运行，强化信息共享、实时监督，将监督触角延伸至刑事案件办理前端，通过分析研判公安机关立案、撤案、刑拘等数据，及时发现和纠正应当立案而不立案、不应当立案而立案、长期“挂案”等违法情形。另一方面，积极推动建立行政执法与刑事司法信息共享机制，深化行政和刑事办案数据碰撞式监督，切实监督纠正有案不移、有案难移、以罚代刑等问题。

三是健全完善立案监督的业务管理机制。围绕“案件化、规范化、信息化”办理目标，将立案监督线索的筛查发现、核查研判，到移送办理、监督纠正，再到跟踪引导、督促反馈等工作，全流程纳入检察业务应用系统办理、管理。

4. 借力数字检察，推动立案监督能力和治理创新。传统的立案监督办案模式，总体上是被动接受监督线索，线索来源渠道窄、发现获取难，导致立案监督工作处于被动状态。借助数字赋能，能够深度挖掘、利用社会生产生活产生的海量数据，发现事物原有的内在关联和发展规律，实现从个别、偶发、被动、人力监督，转变为全面、系统、主动、智能监督，有力破解执法司法制约监督的堵点、难点，促进法律监督提质增效。检察机关需要积极适应数字化、信息化给立案监督工作带来的新挑战、新机遇，充分借助信息化、智能化技术和手段，发挥数据要素效能，推动实施数字检察战略，有针对性地研发应用大数据法律监督模型，加强信息化、数字化手段在立案监督中的应用，以数字赋能立案监督，提升检察机关法律监督质量效果。

与此同时，数字赋能立案监督，能够更加主动发现批量监督线索，更加精准发现类案背后的系统性、链条性治理漏洞。检察机关在大数据监督模型应用中，应当按照“个案办理—类案监督—系统治理”的逻辑和路径，适度延伸检察监督触角，敏锐发现案件背后存在的深层次社会治理问题，通过制发检察建议、开展专项监督等，推动、督促相关职能部门提升行业管理水平、填补行业管理漏洞，服务经济社会健康发展，以高质效立案监督助力提升国家治理体系和治理能力现代化。

## 结　语

刑事立案监督是宪法法律赋予检察机关的法定职责，是贯彻落实党的二十大、二十届三中全会精神和《中共中央关于加强新时代检察机关法律监督工作的意见》的重要任务，是健全公正执法司法体制机制的重要组成部分。总结回顾立案监督30多年的发展历程，实践性是立案监督工作的最突出特点，在宪法法律框架下，立案监督源自实践探索、针对实践问题、应对实践变化，在不断的探索实践中得到健全和完善。面对新时代新形势新任务，检察机关需要以更加积极、务实的态度，从实践运行、机制建立、制度完善等不同层面推动立案监督理念、制度、体系、能力现代化，做到敢于监督、善于监督、勇于自我监督，实现“高质效办好每一个案件”基本价值追求。

Anli Zhidao

# 案例指导

# 最高人民检察院第五十三批指导性案例*

## 尹某某等人诈骗立案监督案

（检例第213号）

【关键词】

立案监督　刑民交叉　虚假诉讼　调查核实　跟踪督促　线索移送

【要旨】

对于刑民交叉案件，被害人以涉嫌刑事犯罪向公安机关举报，公安机关不予立案的，人民检察院应当区分情形开展立案监督工作。对确有犯罪嫌疑的监督线索，应当依法充分运用各种手段调查核实。对于重大复杂监督立案案件，应当加强与公安机关的协作配合，持续跟踪督促，对证据收集、事实认定、案件定性等提出意见建议。

【基本案情】

被告人尹某某，男，1966年7月出生，桂林甲公司法定代表人、董事长。

被告人覃某某，男，1960年12月出生，桂林乙公司法定代表人。

被告人申某某，男，1964年12月出生，个体工商户。

---

* 2024年4月23日最高人民检察院印发。

其他被告人基本情况略。

2007 年 5 月，尹某某与由覃某某担任法定代表人的桂林乙公司商定合作开发商住楼项目，同时尹某某、申某某等人以挂靠的第三方公司名义承建了该商住楼的地基桩工程。2008 年 1 月，因桂林乙公司与某某银行存在借贷纠纷，经广西壮族自治区高级人民法院调解，并指定来宾市中级人民法院依法组织了对商住楼土地的司法拍卖。为阻止司法拍卖，尹某某、覃某某及乙公司法律顾问全某某商议后，伪造工程资料，将 907 万元的地基桩工程造价虚增至 4191 万余元，并以挂靠公司名义向桂林市中级人民法院提起诉讼，后获法院判决确认。随后，尹某某等人以法律规定建设工程价款应优先受偿为由，向桂林市中级人民法院申请强制划扣拍卖款，致使某某银行通过司法拍卖实现债权的目的无法实现。后经该银行和买受人申请，来宾市中级人民法院裁定撤销拍卖成交结果并终止执行。

2013 年 1 月，桂林乙公司股权结构发生变化，新入资公司成为控股公司，覃某某不再作为公司控股人和法定代表人。后尹某某、申某某等人以挂靠公司名义，多次向法院申请强制执行，要求查封拍卖桂林乙公司涉案项目土地，执行判决虚增工程款本息。同时还实施了阻止新项目进场施工、聚集民工闹访等行为。至 2016 年 7 月，法院先后执行工程款、违约金及逾期利息合计 4729 万余元，另有 3427 万余元逾期利息因案发未得逞。同时，受民事诉讼、查封拍卖影响，与涉案土地相关的下岗职工安置、房屋产权登记等陷入停滞。

**【检察机关履职过程】**

（一）线索发现。2016 年 8 月 31 日，桂林乙公司向桂林市人民检察院提出监督立案申请，称尹某某等人多次以伪造公章、虚增地基桩工程量等方式骗取其工程款，已构成犯罪，但该公司自 2012 年 5 月起多次向公安机关举报，公安机关均不予立案，请求检察机关监督立案。

（二）调查核实。本案相关民事案件经一审、申请再审、民事抗诉等多个诉讼环节，时间跨度长，但申请人提供的工程资料、民事诉讼材料不齐全，且涉案地基桩因规划变更被挖除，无法据以认定真实工程量，导致检察机关在审查判断当事人的立案监督申请是否成立时面临困难。为依法准确监督履职，桂林市人民检察院开展了以下调查核实工作。一是听取申请人及其代理律师意见，核实工程建设、工程款支付情况，了解相关民事诉讼及强制执行过程。二是询问公安机关工作人员，了解到未予立案侦查的理由，系认为该案事实与人民法院生效民事判决属于同一法律事实，且人民检察院未通知公安机关立案。三是调取民事诉讼卷宗材料和相关公司印章、地基桩设计图、施工合同、抽样质检报告、工程结算单等，比对发现原民事案件存在伪造桂林乙公司印章和工程结算单等行为。四是调取原地质、水文勘测资料、渣土运输审批记录等书证；询问勘测工程师、承运渣土司机等相关施工人员；实地勘测工程现场和倾倒渣土现场，排除因溶洞、地下暗河导致的工程量超出计划工程量的可能，发现尹某某等人有虚增工程量及相关土石方附属工程量行为。五是委托相关专业机构对实际工程量和工程造价进行鉴定，核实尹某某等人在民事案件中诉请的工程款存在远超实际工程造价的情况。

（三）监督立案。2016 年 12 月 14 日，桂林市人民检察院向桂林市公安局发出《要求说明不立案理由通知书》。12 月 19 日，桂林市公安局回复《不立案理由说明书》称尹某某等人诈骗一案与生效民事判决的案件属于同一法律事实，没有犯罪事实发生。

桂林市人民检察院审查后认为，根据已有证据材料能够证明尹某某等人通过虚增地基桩工程量，获得法院判决确认后，通过申请强制执行获取虚增工程款，数额特别巨大，涉嫌构成诈骗犯罪，公安机关不立案理由不能成立。同日，桂林市人民检察院向桂林市公安局发出《通知立案书》，并将调查核实取得的证据材料一并移送公安机关。12月29日，公安机关依法对尹某某等人涉嫌诈骗罪立案侦查。

（四）跟踪督促。公安机关立案侦查后，桂林市人民检察院加强与公安机关的协作配合，跟踪督促案件办理情况并及时提出侦查取证意见。一是督促公安机关依照法定程序，对检察机关调查核实所获取的证人证言、被害人陈述、书证等证据材料予以收集固定。二是与公安机关建立关键信息实时共享、重要证据实时联络、重要节点实时会商的协作配合机制，密切跟踪侦查取证进展情况，发现需要补充证据的，列明取证提纲并督促公安机关及时完成取证工作。公安机关根据检察机关意见和会商形成的侦查取证方案，依法搜查获取能够证明真实地基桩工程量的关键书证，查明尹某某伙同覃某某、申某某、全某某等人共同实施诈骗犯罪的事实。三是持续跟踪督促公安机关深挖彻查犯罪线索，最终查明覃某某、尹某某、申某某、全某某等人涉嫌实施诈骗、虚假诉讼、寻衅滋事、行贿、集资诈骗、挪用资金等6个罪名18起违法犯罪事实，涉案金额高达4亿余元，并涉嫌构成恶势力犯罪集团。

（五）移送职务犯罪线索。针对该系列案件中存在的股权变更、土地解封、抵押手续异常等问题，桂林市人民检察院经分析研判，认为可能存在国家机关工作人员职务违法犯罪嫌疑，遂向纪检监察机关和检察机关职务犯罪侦查部门移送了相关线索。

（六）监督结果。2018年6月起，桂林市人民检察院分批对覃某某、尹某某、申某某、全某某等人提起公诉。经依法审理，桂林市中级人民法院判决认定被告人覃某某、尹某某、申某某、全某某等人长期利用建设项目腐蚀拉拢国家机关工作人员，通过资本运作、弄虚作假、缠访闹访和暴力、软暴力手段攫取非法利益，属于恶势力犯罪集团，分别构成诈骗罪、集资诈骗罪、行贿罪、挪用资金罪、寻衅滋事罪、虚假诉讼罪等罪名，被判处无期徒刑至有期徒刑十年刑罚。一审判决后，部分被告人提出上诉。2021 年 9 月，二审法院裁定驳回上诉、维持原判。同时，有 4 名审判人员因受贿罪被判处有期徒刑并处罚金，相关行政机关工作人员受到党政纪处分。

刑事判决后，人民法院撤销因虚假诉讼产生的民事判决，解封被查封土地、房产，桂林乙公司挽回经济损失 6 亿余元、止损 4 亿余元；900 余名购房户的产权证得以办理，400 余名下岗职工安置工作得以推动解决。

**【指导意义】**

（一）对于刑民交叉案件，应当遵循“先刑后民”原则，区分不同情形开展立案监督工作。公安机关以涉嫌刑事犯罪的案件与人民法院作出生效裁判文书的民事案件属于同一事实或者有牵连关系为由不予立案，当事人申请监督立案的，检察机关应当进行全面审查，准确把握实质法律关系。经审查认为民事案件与涉嫌犯罪案件系同一事实，全案不属于民事案件而涉嫌刑事犯罪，或者民事案件与涉嫌犯罪案件虽不是同一事实但有牵连关系，部分涉嫌刑事犯罪，需要追究刑事责任，符合立案条件的，应当依法监督公安机关立案侦查；认为没有犯罪事实发生，或者犯罪情节轻微不需要追究刑事责任，或者具有其他依法不需要追究刑事责任情形，不符合立案条件的，依法答复申请人。既要防止和纠正以刑事手段插手经济纠纷，也要注意避免以经济纠纷为由放纵刑事犯罪。

（二）开展立案监督，应当依法调查核实。在对监督事项、监督线索调查核实中，可以在不限制被调查对象人身、财产权利的情况下，依法运用讯问、询问、听取意见、勘验、检查、鉴定以及调取、查询、复制相关文书卷宗材料等手段，夯实事实和证据基础。

（三）对于监督立案的重大复杂案件，应当持续跟踪督促侦查取证工作。要通过重大疑难案件听取意见、案件会商、法律咨询等方式，就证据收集、事实认定、案件定性等提出必要、明确、可行的意见建议，推动公安机关及时依法收集、固定、转化检察机关调查核实获取的证据材料，切实提升侦查办案质效。

**【相关规定】**

《中华人民共和国刑法》第二百六十六条

《中华人民共和国刑事诉讼法》（2012年修正）第一百一十一条（现适用2018年修正后《中华人民共和国刑事诉讼法》第一百一十三条）

《人民检察院刑事诉讼规则（试行）》（高检发释字〔2012〕2号，2013年1月1日起施行）第五百五十二条、第五百五十三条、第五百五十四条、第五百五十五条、第五百五十七条、第五百五十八条、第五百五十九条、第五百六十条（现适用2019年修订的《人民检察院刑事诉讼规则》第五百五十七条至第五百六十一条、第五百六十三条、第五百六十四条）

《最高人民检察院、公安部关于刑事立案监督有关问题的规定（试行）》（高检会〔2010〕5号，2010年10月1日起施行）第四条、第五

条、第七条、第八条、第九条

办案检察院：广西壮族自治区桂林市人民检察院
承办检察官：孙炳良　邓盛文　赵志奇　赵　婕
案例撰稿人：汪俊辉　傅大富　孙炳良　赵志奇

## 郭某甲、林某甲拒不执行判决、裁定立案监督案

（检例第 214 号）

### 【关键词】

立案监督　检察一体　调查核实　移送线索　破解“执行难”

### 【要旨】

对情节严重的拒不执行判决、裁定的被执行人，人民检察院要充分履行法律监督职责，加强线索移送、监督立案、批捕起诉工作，依法及时追究刑事责任。在开展民事执行活动监督工作中，要注意发现、移送涉嫌拒不执行判决、裁定犯罪线索。对转移财产型拒不执行判决、裁定案件，要综合采取询问、查询、勘验、委托鉴定、调取证据材料等手段进行调查核实，查明被执行人是否存在隐藏、转移财产等行为，高质效开展立案监督。要综合运用检察建议、纠正违法、线索移送等手段，推动“执行难”问题的社会治理。

### 【基本案情】

被告人郭某甲，男，1964 年 8 月出生，无业。

被告人林某甲，女，1966 年 2 月出生，无业，系郭某甲之妻。

2011 年至 2012 年间，债权人林某乙陆续借给郭某甲、林某甲夫妇 214 万元。债务到期后，郭某甲、林某甲未能偿还借款及利息，被林某乙起诉至福建省福清市人民法院。经法院调解，郭某甲、林某甲承诺分期偿还借款本息，但始终未履行还款义务。2013 年 3 月 14 日，林某乙向福清市人民法院申请强制执行，后因当事人达成执行和解，福清市人民法院于 12 月 18 日终结本次执行程序。2014 年 3 月，林某乙因郭某甲、林某甲未履行执行和解协议，且发现林某甲有房产待拆迁，遂申请法院恢复执行。

2015 年 1 月 26 日，林某甲位于福清市某街道的房屋被福清市人民政府列入征收拆迁范围，随后在街道办事处组织下开展房屋面积和权属确认工作。其间，郭某甲、林某甲为隐藏、转移财产，让不知情的吴某甲持双方此前因借贷关系签订的房屋抵押条，与街道办事处签订征收拆迁补偿协议。

2015 年 6 月 23 日，福清市人民法院作出查封该房屋、扣留征收拆迁补偿款的《执行裁定书》，同时向街道办事处发出《协助执行通知书》，要求其协助执行扣留、提取上述补偿款，并汇至法院执行账户。而街道办事处未履行协助执行义务，于同年 7 月 28 日将 146 万元房屋征收拆迁补偿款发放至吴某甲账户，吴某甲在扣除 25 万元债权后，将剩余的征收拆迁补偿款 121 万元汇入林某甲指定的银行账户。随后，郭某甲、林某甲将该账户内钱款全部予以转移，致使生效裁定无法执行。

**【检察机关履职过程】**

（一）线索发现。2019 年 4 月 12 日，债权人林某乙以原民事案件历时6年仍未执行到位，福清市人民法院怠于执行为由，向福清市人民检察院申请监督。福清市人民检察院控告申诉检察部门受理后，经审查申请材料、听取林某乙诉求，认为该申请符合民事执行活动监督受理范围，移送民事检察部门办理。

（二）调查核实。因该案可能涉嫌构成拒不执行判决、裁定罪，为整合内部力量、提升监督质效，福清市人民检察院民事检察部门与检察侦查部门抽调人员联合成立专门办案组，经调卷审查、实地调查、走访行政部门后发现，郭某甲、林某甲在房产征收拆迁过程中，通过案外人吴某甲向街道办事处提交借条、抵押条等材料的方式，要求街道办事处将房屋征收拆迁补偿款直接汇给案外人吴某甲；同时，街道办事处未履行福清市人民法院《协助执行通知书》关于扣留征收拆迁补偿款的要求，将征收拆迁补偿款直接发放至吴某甲账户。

为进一步查清案件事实，办案组通过调取银行流水、查询公安户籍系统、询问相关人员等方式对相关款项的流向进行了深入调查，发现146万元征迁补偿款流入吴某甲账户后，有121万元汇出至郭某甲、林某甲实际控制、使用的他人账户，再从该账户汇转至周某某等十余名郭某甲、林某甲的亲友账户。调查中还发现，福清市人民法院执行人员在获知林某甲的征迁补偿款已被转移给吴某甲的情况下，未依法责令街道办事处相关责任人员限期追回财产，未将郭某甲、林某甲拒不执行判决、裁定的相关线索移送公安机关。

（三）监督意见。福清市人民检察院办案组调查期间，多次与刑事检察部门沟通案件情况，并共同就案件是否涉嫌拒不执行判决、裁定犯罪进行分析研判。2019年6月3日，福清市人民检察院民事检察部门将犯罪线索书面移送刑事检察部门。刑事检察部门经审查后，向公安机关通报线索情况、移送证据材料，并持续跟踪督促公安机关及时立案侦查。

2019年6月26日，福清市人民检察院向福清市人民法院发出检察建议，建议及时追回执行款；7月19日，向街道办事处发出检察建议，建议针对征迁工作中的失职行为开展自查自纠，健全规章制度，强化法律意识，依法规范行政。

（四）监督结果。经福清市人民检察院依法监督，福清市公安局对郭某甲、林某甲涉嫌拒不执行判决、裁定罪一案立案侦查。2020年1月，福清市人民法院以郭某甲、林某甲犯拒不执行判决、裁定罪，均判处二人有期徒刑一年六个月，二人未上诉。同时，福清市人民法院追回征收拆迁补偿款146万元发还林某乙，并更换执行承办人继续跟进后续执行情况。街道办事处认真开展自查自纠、健全相关管理制度。

**【指导意义】**

（一）发挥检察监督一体化优势，加强对拒不执行判决、裁定罪的立案监督工作。民事检察部门在开展民事执行活动监督工作中，要注意发现、移送涉嫌拒不执行判决、裁定犯罪线索。对转移财产型拒不执行判决、裁定的案件线索，刑事检察、民事检察等部门要协同加强对监督线索的调查核实，围绕被隐藏、转移财产的来源和具体走向等，综合采取询问、查询、勘验、委托鉴定、调取证据材料等手段，全面查明是否存在“有能力执行而拒不执行，情节严重”情形，高质效开展拒不执行判决、裁定罪的监督立案工作。

（二）充分履行法律监督职责，助力解决法院“执行难”问题。依法履行人民法院作出并已发生法律效力的判决、裁定，是被执行人的法定义务。以监督办案确保国家法律正确统一实施，是宪法法律赋予检察机关的重要职责。针对司法实践中突出存在的“执行难”问题，检察机关要加强对民事执行活动的法律监督，在督促人民法院依法开展执行工作的同时，对于违反法律规定，逃避裁判执行义务，情节严重的被执行人，要通过加强线索移送、监督立案、批捕起诉等履职办案工作，依法及时追究被执行人拒不执行判决、裁定的刑事责任，发挥刑罚的惩治、警示、教育作用，助力推动解决“执行难”问题，维护司法权威。

（三）综合履行检察职能，推动“执行难”问题的社会治理。检察机关在办理拒不执行判决、裁定案件过程中，发现法院怠于履行执行职责的，可以以纠正违法、检察建议等方式监督纠正消极执行问题，督促法院及时追回执行款；发现行政机关有不当履职行为的，可以以社会治理检察建议方式督促依法行政，推动堵漏建制。

**【相关规定】**

《中华人民共和国刑法》第三百一十三条

《中华人民共和国刑事诉讼法》（2018 年修正）第一百一十二条

《中华人民共和国民事诉讼法》（2017 年修正）第二百一十条、第二百三十五条（现适用 2023 年修正后《中华人民共和国民事诉讼法》第二百二十一条、第二百四十六条）

《人民检察院刑事诉讼规则（试行）》（高检发释字〔2012〕2 号，2013 年 1 月 1 日起施行）第五百五十三条、第五百五十五条、第五百五十八条（现适用 2019 年修订后《人民检察院刑事诉讼规则》第五百五十七条、第五百五十九条、第五百六十一条）

《人民检察院民事诉讼监督规则（试行）》（高检发释字〔2013〕3 号，2013 年 11 月 18 日起施行）第六十五条、第六十六条、第一百零

二条（现适用2021年8月1日起施行的《人民检察院民事诉讼监督规则》第六十二条、第六十三条、第一百零四条）

《最高人民检察院、公安部关于刑事立案监督有关问题的规定（试行）》（高检会〔2010〕5号，2010年10月1日起施行）第四条、第五条、第七条、第八条、第九条

《人民检察院检察建议工作规定》（高检发释字〔2019〕1号，2019年2月26日起施行）第九条、第十一条

办案检察院：福建省福清市人民检察院
承办检察官：林直龙　倪明辉　郑　跃　严碧花
案例撰稿人：潘森林　陈凯明　俞建功　傅冬凌

## 刘甲、刘乙恶势力犯罪集团侦查活动监督案

（检例第215号）

### 【关键词】

侦查活动监督　指定居所监视居住　排除非法证据　补充侦查

### 【要旨】

对指定居所监视居住期间的侦查活动，人民检察院应当依法加强监督，发现非法取证线索的，应当依法进行调查核实。对于非法获取的证据，经综合审查取证的方式、频次、后果等情节，认为达到使犯罪嫌疑人遭受难以忍受痛苦程度的，应当依法予以排除。非法证据排除后，需要进一步查清案件事实的，应当采取退回补充侦查、自行补

充侦查等方式，补充完善证据链条。

**【基本案情】**

被告人刘甲，男，1975年10月出生，江苏某投资贷款咨询有限公司法定代表人。

被告人刘乙，男，1980年11月出生，个体工商户。

被告人卢某某，男，1980年1月出生，无业。

其他被告人基本情况略。

2013年至2018年间，刘甲、刘乙分别纠集卢某某等人，在实施“套路贷”及高利放贷过程中，形成两个恶势力犯罪集团，有组织地多次实施敲诈勒索、非法拘禁、诈骗、寻衅滋事等违法犯罪活动，获取非法经济利益，在江苏省泰州市靖江地区为非作恶、欺压群众，扰乱社会秩序、经济秩序，造成恶劣社会影响。

2019年4月12日，公安机关对该案立案侦查；5月至6月间，先后对刘甲、刘乙、卢某某等人采取指定居所监视居住强制措施；8月至10月间，先后对刘甲、刘乙等人提请江苏省泰州医药高新技术产业开发区（以下简称高新区）人民检察院批准逮捕。

**【检察机关履职过程】**

（一）线索发现。2019年10月，在审查逮捕过程中，承办检察官发现卢某某供述前后矛盾，遂要求其说明理由，卢某某长时间沉默不语。后经检察官释法说理、耐心沟通，卢某某反映其在指定居所监视居住期间，曾遭受殴打及饥饿、疲劳讯问。

（二）调查核实。针对发现的侦查违法线索，高新区人民检察院开展了以下调查核实工作：一是根据卢某某反映的遭受殴打的时间、地点，调取并审查指定居所监视居住期间相应时段的录音录像，发现部分关键时段录像缺失。二是调取并审查全案指定居所监视居住期间录音录像，经与传讯通知书、讯问笔录进行比对，发现侦查人员存在较长时间内对犯罪嫌疑人连续疲劳讯问情况，违反了讯问应当保证犯罪嫌疑人必要休息时间的法律规定，并有违法使用戒具等情形。三是逐一讯问被指定居所监视居住的同案犯罪嫌疑人，详细了解饮食、休息等情况，刘甲、刘乙等人均反映存在长时间未保障必要饮食和休息等违法情形，发现有个别犯罪嫌疑人因长期未获得休息、饮食保障，身体健康状况受到严重影响。

（三）纠正侦查违法。经调查核实，高新区人民检察院认为，公安机关侦查活动存在严重违法，涉嫌刑讯逼供，依法应予以监督纠正：一是就疲劳审讯、饥饿审讯、违法使用戒具、连续传唤变相拘禁犯罪嫌疑人等问题制发《纠正违法通知书》，并当面向公安机关通报发现的问题，督促公安机关予以整改。二是依据《人民检察院刑事诉讼规则》第三百四十一条规定，要求公安机关及时更换侦查人员，重新开展相关侦查取证工作。三是将侦查人员涉嫌刑讯逼供的线索材料移送泰州市人民检察院，并提出初步研判和分析意见。

（四）排除非法证据。根据非法证据排除的相关法律规定，高新区人民检察院认为侦查人员在指定居所监视居住期间采取了违法使用戒具等暴力方法，以及饥饿、疲劳审讯等变相肉刑的恶劣手段，使犯罪嫌疑人遭受难以忍受的痛苦，侦查活动严重违法，依法排除了刘甲、刘乙、卢某某等犯罪嫌疑人在指定居所监视居住期间所作的有罪供述，并告知犯罪嫌疑人及其辩护人。

（五）自行补充侦查和退回补充侦查。非法证据排除后，在案其他证据能够证明刘甲、刘乙等人涉嫌犯罪，但部分事实不清、证据不足，需要进一步侦查取证。为此，检察机关在审查起诉阶段依法开展了自行补充侦查，重点围绕非法证据所涉及的案件事实，重新讯问了犯罪嫌疑人、询问了被害人，核实了各犯罪嫌疑人实施的犯罪行为及其在犯罪集团中的地位、作用，以亲历性审查确保案件事实认定客观准确。同时，就证明恶势力犯罪集团危害性特征等问题，将案件退回公安机关补充侦查，后公安机关补充收集固定证据 50 余份。

（六）监督结果。高新区人民检察院以涉嫌构成敲诈勒索、非法拘禁、诈骗、寻衅滋事罪，分别对刘甲、刘乙、卢某某等多人提起公诉，全案被告人均自愿认罪认罚。2020 年 10 月 30 日，高新区人民法院一审判处刘甲、刘乙、卢某某等人有期徒刑十二年至十个月不等的刑罚，被告人均未上诉。对本案中发现的刑讯逼供犯罪线索，经检察机关立案侦查、提起公诉，2 名侦查人员被依法追究刑事责任。

（七）建章立制。对于案件中发现的指定居所监视居住不合法、不规范等问题，经高新区人民检察院上报，江苏省人民检察院会同省公安厅开展了深入调研总结，于 2021 年 7 月联合制定了《关于适用指定居所监视居住的实施意见》，明确规定公安机关应当在宣布指定居所监视居住决定的 24 小时内向检察机关抄送相关文书材料；检察机关应及时对决定的合法性进行审查，加强对指定居所监视居住的检察监督；同时规定，指定居所监视居住期间应当保障被监视居住人的饮食和必要的休息等，规范适用有关措施。

**【指导意义】**

（一）加强对犯罪嫌疑人被指定居所监视居住期间侦查活动合法性的审查和监督。在审查案件中，要认真听取犯罪嫌疑人对侦查违法的控告意见，注意审查侦查人员的讯问时间、频次以及犯罪嫌疑人供述变化情况，全面了解戒具使用、人身安全检查、饮食休息保障等方面情况，必要时调取并审看同步录音录像。经调查审查发现侦查人员涉嫌刑讯逼供犯罪的，应当将有关线索材料按程序移送检察侦查部门，依法开展初查、侦查工作，全面核实相关情况。

（二）综合审查判断并依法排除非法证据。对于侦查人员采取殴打、违法使用戒具等暴力方法，或者以不保障必要饮食和必要休息时间等变相肉刑恶劣手段，造成受伤、患病等严重损害犯罪嫌疑人身体健康后果的，应当认为已达到犯罪嫌疑人难以忍受的痛苦程度；对于并未造成严重后果的，经综合审查侦查违法行为的方式、频次，对于长时间、频繁实施该类行为的，可以认为达到使犯罪嫌疑人遭受难以忍受痛苦的程度。基于上述情况而获取的有罪供述应当依法排除。

（三）围绕案件事实认定依法做好证据补充完善工作。排除非法证据后，有证据证明犯罪嫌疑人涉嫌犯罪但证据不够确实、充分，证据链条不完整的，检察机关可以退回公安机关补充侦查，明确提出补充侦查的方向和具体意见，并依法要求公安机关另行指派侦查人员重新进行侦查取证；必要时，也可以自行调查取证，以亲历性补充完善证据体系，确保案件事实认定客观准确。

**【相关规定】**

《中华人民共和国刑事诉讼法》（2018 年修正）第五十二条、第五十六条、第五十七条、第一百一十九条、第一百七十五条

《人民检察院刑事诉讼规则》（2019 年修订）第二条、第十三条、第六十六条、第六十七条、第六十八条、第七十二条、第七十三条、第七十四条、第七十五条、第三百四十一条、第三百四十二条、第五百六十七条

《最高人民法院、最高人民检察院、公安部、国家安全部、司法部关于办理刑事案件严格排除非法证据若干问题的规定》（法发〔2017〕15号，2017年6月27日起施行）第二条、第四条、第五条、第十七条

《最高人民法院关于建立健全防范刑事冤假错案工作机制的意见》（法发〔2013〕11号，2013年10月9日起施行）第八条

《公安机关办理刑事案件程序规定》（中华人民共和国公安部令第127号,2013年1月1日起施行）第八条、第六十七条、第一百九十五条、第一百九十六条（现适用2020年修正后《公安机关办理刑事案件程序规定》第八条、第七十一条、第二百条、第二百零一条）

办案检察院：江苏省泰州医药高新技术产业开发区人民检察院

承办检察官：陈　融　田　竞　马明明

案例撰稿人：田　竞　薛　洁　王　民

## 付某盗窃侦查活动监督案

（检例第216号）

**【关键词】**

侦查活动监督　轻微刑事案件　认罪认罚自愿性审查　防范冤错案件

**【要旨】**

人民检察院在案件办理中应当严格履行审查监督职责，即使是犯罪嫌疑人认罪认罚的轻微刑事案件，也要加强对侦查活动合法性的监督和认罪认罚自愿性的审查。坚持证据裁判原则，避免因虚假认罪认罚导致冤错案件发生。发现犯罪嫌疑人无罪、罪轻证据线索的，应当坚持客观公正立场，自行或督促公安机关全面客观收集证据，综合审查认定案件事实。

**【基本案情】**

被不起诉人付某，男，2000年3月出生，无业。

2019年11月10日6时许，被害人时某某放在某快餐店收银台的一部手机被盗，价值1722元。四川省绵阳市公安局涪城区分局接被害人报案后，于当日以"时某某被盗窃案"立案侦查。经调取快餐店监控视频发现，一用餐男子在店内盗窃手机后进入附近一网吧上网至11时，登记身份信息为"付某"。

2020年5月8日晚，付某在绵阳市一网吧被公安机关抓获，并在当日接受讯问时表示认罪认罚。5月9日，付某因涉嫌盗窃罪被公安机关取保候审。6月15日，公安机关以付某涉嫌盗窃罪向绵阳市涪城区人民检察院移送审查起诉。

**【检察机关履职过程】**

（一）线索发现。涪城区人民检察院在审查起诉时发现，在案有付某有罪供述、上网登记身份证信息、指认现场笔录等证据，证明付某有盗窃嫌疑。2020年6月22日，涪城区人民检察院在对付某进行第一次讯问时，付某也表示认罪认罚，并于次日主动赔偿了被害人损失。但同时，在案证据也存在疑点，如案发现场监控视频中犯罪嫌疑人头戴帽子、面部特征不清晰，体型与付某存在一定差异；付某关于在案发快餐店购买的食物种类、所盗手机摆放位置以及是否处于充电状态等供述，与被害人陈述不一致等。此外，付某还在讯问后多次以电话形式向承办检察官了解被定罪处罚的法律后果，表现不同于一般的认罪认罚犯罪嫌疑人。

针对上述问题，涪城区人民检察院于6月24日再次讯问付某，在重新核实作案细节的同时，详细向其释明了盗窃犯罪的刑罚责任、认罪认罚的性质和法律后果。经释法说理，付某改变了原有罪供述，称其未实施盗窃行为，案发时自己不在案发城市，且曾经丢失过身份证；侦查阶段的有罪供述系在侦查人员称其不认罪将被关押，以及“事情不严重、赔钱就可以回家”的诱导下，按照侦查人员出示的快餐店监控视频供述了“盗窃”“销赃”的全部过程，有罪供述不真实，认罪认罚非自愿。综合在案证据，涪城区人民检察院认为付某认罪认罚的自愿性、真实性、合法性存疑，侦查人员可能存在未客观、全面收集、调取证明犯罪嫌疑人无罪证据的情形。

（二）调查核实。围绕问题线索，涪城区人民检察院组织开展了调查核实、督促取证工作。一是经询问本案侦查人员、查阅案卷材料、调取执法记录影像资料发现，该案侦查人员根据网吧登录的身份信息认定案件系付某所为，未采信付某所作无罪辩解，未依法全面收集调取证明犯罪嫌疑人无罪的证据。二是经查看案发现场监控视频，发现视频清晰度较差，不具备比对、辨认条件，而犯罪嫌疑人使用付某身份证件的网吧监控视频因时间久远已被覆盖无法调取，认定犯罪嫌疑人系付某的客观性证据仅有其身份证登录信息，未能形成完整的证据链条。三是针对付某的无罪辩解，公安机关按照检察机关补充相关证据材料的要求，调取了付某手机定位、骑行记录、其亲属及同事的证人证言，证实案发时段付某在眉山市，不在案发的绵阳市；调取了付某出行记录，通过大数据查询比对后证实案发前后付某无乘坐动车、火车、汽车等公共交通工具的出行记录；核查了户证办理系统，证实付某曾于2016年10月、2018年6月两次因身份证丢失补换身份证。

（三）监督意见。综合调查核实情况以及其他在案证据材料，涪城区人民检察院查明，在案发时段内，付某不在案发城市，盗窃行为非其所为；公安机关仅以网吧登录身份信息认定付某为犯罪嫌疑人错误。2020年7月29日，检察机关依法对付某作出不起诉决定，并要求公安机关对“时某某被盗窃案”继续侦查。8月6日，就侦查人员未收集调取明显可以收集调取的无罪证据等怠于侦查行为，涪城区人民检察院向公安机关制发《纠正违法通知书》，同时将涉嫌失职的案件线索移送相关部门。

（四）监督结果。收到监督纠正意见后，公安机关书面回复了整改落实情况，对本案中存在的侦查活动违法问题启动倒查问责程序，依纪依规对涉案侦查人员作出处理。同时，为规范刑事案件内部监督审核机制，公安机关还专门制定了《刑事案件审核运行规程》。涪城区人民检察院也在总结本案办理经验基础上，制定了《认罪认罚案件证据细节审查制度》，细化对认罪认罚自愿性、真实性、合法性审查，加强和规范侦查活动监督，建立健全办理认罪认罚案件防错纠错机制。

**【指导意义】**

（一）办理犯罪嫌疑人认罪认罚的轻微刑事案件，应当加强对侦查活动合法性和认罪认罚真实性、自愿性、合法性的审查监督。特别是小额盗窃、危险驾驶等案件，要注重审查侦查取证过程中是否存在暴力、威胁、引诱等侦查违法情形，审查犯罪嫌疑人是否理解认罪认罚的性质和可能导致的法律后果等方面内容，防止出现违背意愿的认罪认罚。

（二）坚持证据裁判原则，强化对证据体系的审查与完善。加强对书证、物证等客观性证据与案件事实之间的关联性以及犯罪主体的同一性审查；重视言词证据之间的细节差异，确保全案证据相互印证且形成完整的证据链条，做到事实清楚，证据确实、充分。对于犯罪嫌疑人作出的无罪、罪轻辩解，或者审查发现犯罪嫌疑人无罪、罪轻证据线索的，人民检察院应当坚持客观公正立场，通过自行补充侦查调取证据材料，或者督促公安机关继续侦查、补充侦查等方式，全面客观收集无罪、罪轻的证据。对侦查人员怠于侦查，未依法收集明显能够收集调取的无罪、罪轻证据的，应当依法提出纠正意见，涉嫌失职渎职的，应当依法移送相关线索。

**【相关规定】**

《中华人民共和国刑法》第二百六十四条

《中华人民共和国刑事诉讼法》（2018 年修正）第十五条、第五十二条、第五十六条、第五十七条、第一百七十七条

《人民检察院刑事诉讼规则》（2019 年修订）第七十二条、第二百七十一条、第三百六十五条、第五百五十一条、第五百五十二条、第五百五十三条、第五百六十七条

《最高人民法院、最高人民检察院、公安部、国家安全部、司法部关于适用认罪认罚从宽制度的指导意见》（高检发〔2019〕13 号，2019 年 10 月 11 日起施行）第三条、第二十八条

《公安机关办理刑事案件程序规定》（中华人民共和国公安部令第

127 号，2013 年 1 月 1 日起施行）第一百八十七条（现适用 2020 年修正后《公安机关办理刑事案件程序规定》第一百九十一条）

办案检察院：四川省绵阳市涪城区人民检察院
承办检察官：杨　霞　郑鸿燕
案例撰稿人：金海燕　熊妮娜　郑鸿燕

# 曾某甲等人故意伤害纠正遗漏同案犯罪嫌疑人侦查监督案

（检例第 217 号）

**【关键词】**

二审阶段侦查监督　纠正遗漏同案犯罪嫌疑人　另案处理　情况说明

**【要旨】**

人民检察院办理刑事案件，应当把履行侦查监督职责贯穿侦查、批捕、起诉、一审、二审等诉讼全过程。要对公安机关适用“另案处理”的情况加强审查监督，区分情形作出处理。发现“另案处理”的在逃犯罪嫌疑人线索的，及时移送并督促公安机关抓获犯罪嫌疑人，查清犯罪事实。对用于证明案件事实的证据，应当依法收集、固定，不得以《情况说明》替代。经审查发现公安机关以《情况说明》代替法定证据的，应当监督公安机关依法及时重新收集、固定。

【基本案情】

被告人曾某甲，男，1984 年 10 月出生，送餐员。

被告人曾某乙，男，1987 年 2 月出生，工人，系曾某甲胞弟。

被告人秦某某，绰号“阿俊”，男，1984 年 5 月出生，工人，曾因犯聚众斗殴罪，被判处有期徒刑三年六个月，2011 年 1 月 5 日刑满释放。

2011 年 6 月 22 日中午，曾某乙因与同厂女工田某某发生冲突，与田某某的朋友邝某某等人产生纠纷。后曾某甲、曾某乙以解决纠纷为由，约邝某某等人于当晚 18 时许到某餐馆吃饭。同时，曾某乙将欲报复邝某某等人之事告知“阿俊”，并约“阿俊”等人到场。当晚，双方在餐馆发生口角。曾某甲、曾某乙、“阿俊”分别持“阿俊”携带的水果刀、铁棍捅刺、击打邝某某等人，致邝某某右肺破裂大失血死亡，其他 2 人轻伤。案发后，曾某甲、曾某乙、“阿俊”等人畏罪潜逃。

2011 年 6 月 23 日，广东省惠州市公安局惠城区分局以“邝某某等被伤害案”进行立案侦查，并登记曾某甲、曾某乙、“阿俊”等人为在逃人员。2019 年 9 月 26 日，惠城区公安分局将曾某甲、曾某乙 2 人抓获。12 月 11 日，惠城区公安分局侦查终结，以曾某甲、曾某乙涉嫌故意伤害罪移送惠城区人民检察院审查起诉。经惠城区人民检察院报送，2020 年 2 月 5 日，惠州市人民检察院以曾某甲、曾某乙构成故意伤害罪，向惠州市中级人民法院提起公诉。11 月 24 日，惠州市中级人民法院判决曾某甲、曾某乙犯故意伤害罪，分别判处死刑缓期二年执行、有期徒刑十四年。曾某甲、曾某乙二人提出上诉。

【检察机关履职过程】

（一）线索发现。广东省人民检察院收到广东省高级人民法院移送案卷后，经审查案件材料、听取上诉理由，发现一审案件可能存在以下问题：一是遗漏同案犯罪嫌疑人。在案证据证明“阿俊”提供了作案工具、直接实施了伤害行为，应作为曾某甲、曾某乙故意伤害案同案犯追究刑事责任，而在案有曾某乙的书面举报等线索，能够帮助查明“阿俊”身份，但侦查阶段未对其有效开展侦查、抓捕工作，至审查起诉、一审判决中均认定“阿俊”为“在逃”“另案处理”。二是证据形式不合法、不规范。公安机关对作案工具去向、部分需要证人证言、被害人陈述证明的事实未以法定证据予以证明，而是简单以《情况说明》代替，不符合法定证据形式和取证要求。

（二）纠正遗漏同案犯。针对一审阶段遗漏同案犯问题，广东省人民检察院对曾某乙举报线索开展了调查核实。经提讯，曾某乙称虽不知“阿俊”真实姓名，但知道“阿俊”姓秦，籍贯贵州，从惠州监狱获释不久；同时，其在逃期间，还曾与“阿俊”胞弟“秦某兵”联系，并存有手机号码，有查明“阿俊”真实身份、抓捕到案可能。2021年4月21日，广东省人民检察院将二审阶段发现的“阿俊”身份信息线索和其他证据材料移送公安机关，并建议公安机关及时查明“阿俊”真实身份、抓捕归案。5月17日，公安机关经曾某乙辨认后，将“秦某某（阿俊）”抓捕归案。

（三）跟踪督促。秦某某归案后，辩称作案工具并非其提供，且未实施伤害行为，与曾某乙等人供证存在明显矛盾。为查清案件事实，广东省人民检察院持续跟踪案件侦办情况，并派员就侦查取证提出意见。一是督促公安机关围绕涉案人员预谋商议、矛盾激化、斗殴过程以及作案工具来源、砍伤细节等方面补充完善了被告人供述、被害人陈述。二是督促公安机关补充完善现场勘验、死因鉴定等方面客观性、技术性证据。

（四）规范重新取证。针对公安机关以出具《情况说明》方式，简单替代应当以讯问笔录、询问笔录、辨认笔录、现场勘验检查笔录等法定形式收集、固定证据的问题，广东省人民检察院对公安机关提出规范取证意见，要求严格依照法定程序重新收集、固定相关证据。按照检察机关意见，公安机关对一审卷宗中40余份“情况说明”所涉及的案件事实进行了重新侦查、取证，依照法定程序收集、固定、转化为符合庭审要求的合法证据。

（五）监督结果。经纠正遗漏同案犯、补充完善证据链条、依法转化证据形式，广东省人民检察院审查认为本案上诉理由不能成立。2021年8月24日，广东省高级人民法院经二审开庭审理，认为曾某甲、曾某乙故意伤害一案原判决认定事实和适用法律正确、量刑适当，裁定驳回上诉、维持原判。2021年8月21日，在广东省人民检察院指导下，惠州市人民检察院以秦某某犯故意伤害罪向惠州市中级人民法院提起公诉。10月29日，惠州市中级人民法院判决被告人秦某某犯故意伤害罪，判处有期徒刑十年。秦某某上诉。2022年2月25日，广东省高级人民法院驳回上诉、维持原判。

**【指导意义】**

（一）检察机关办理二审案件，应当持续履行对侦查活动的监督职责。检察机关的监督职责贯穿侦查、批捕、起诉、一审、二审等刑事诉讼全过程。办理二审案件，也要增强侦查监督意识、履行侦查监督职责，依法监督纠正侦查违法。发现遗漏罪行或者同案犯罪嫌疑人的，要依法建议公安机关侦查并提出侦查取证意见。

（二）对“另案处理”案件要加强跟踪监督，区分情形作出处理。检察机关在审查案件时，应当对公安机关适用“另案处理”的情形进行实质性审查。发现“另案处理”的在逃犯罪嫌疑人线索的，及时移送并督促公安机关抓获犯罪嫌疑人，查清犯罪事实。案件处于审查起诉阶段的，应当要求公安机关补充侦查或者补充移送起诉；二审阶段发现的，应当建议公安机关侦查。发现适用“另案处理”存在违法或者不当的，应当向公安机关提出书面纠正意见。发现属于犯罪嫌疑人长期在逃或者久侦不结的，可以适时发函催办。

（三）《情况说明》不能替代法定证据作为证据使用。检察机关在审查案件时，应当对公安机关出具的《情况说明》内容进行审查。经审查发现公安机关以《情况说明》代替法定证据，用于证明案件事实的，应当督促公安机关依法定程序、以法定形式重新收集、固定；以出具《情况说明》的方式，怠于行使侦查职责的，应当依法提出监督纠正意见。对案件发生后、诉讼活动中形成的事实、材料，在案件审查办理中确有必要进行说明的，如取证合法性、发破案经过、到案经过、抓获经过、退赃退赔情况等，可以使用《情况说明》。

**【相关规定】**

《中华人民共和国刑法》第二十五条、第二百三十四条

《中华人民共和国刑事诉讼法》（2018年修正）第二百三十四条、第二百三十六条

《人民检察院刑事诉讼规则》（2019年修订）第三百四十二条、第四百四十八条、第四百四十九条、第五百五十一条、第五百五十二条、第五百六十七条

《最高人民检察院、公安部关于规范刑事案件“另案处理”适用的指导意见》（高检会〔2014〕1号，2014年3月6日起施行）第三条、第五条、第六条、第十条、第十二条、第十四条

《最高人民检察院、公安部关于加强和规范补充侦查工作的指导意

见》（高检会〔2020〕6号，2020年3月27日起施行）第六条、第七条、第八条、第十条、第十三条

办案检察院：广东省人民检察院
承办检察官：余响铃　严　然
案例撰写人：余响铃

# 依法、充分、规范履行刑事立案和侦查活动监督职责

## ——最高人民检察院第五十三批指导性案例解读

周惠永　刘中琦*

党的二十大报告强调，要强化对司法活动的制约监督，促进司法公正，加强检察机关法律监督工作。党的二十届三中全会报告再次强调，要健全公正执法司法体制机制，确保执法司法各环节全过程在有效制约监督下运行。要坚持正确人权观，加强人权执法司法保障，完善事前审查、事中监督、事后纠正等工作机制，完善涉及公民人身权利强制措施以及查封、扣押、冻结等强制措施的制度。《中共中央关于加强新时代检察机关法律监督工作的意见》更是明确提出，检察机关要强化对刑事立案和侦查活动的监督。及时发现和纠正应当立案而不立案、不应当立案而立案、长期“挂案”等违法情形，坚决防止和纠正以刑事手段插手民事纠纷、经济纠纷。增强及时发现和纠正刑讯逼供、非法取证等侦查违法行为的能力，从源头上防范冤假错案发生。规范强制措施和侦查手段适用，切实保障人权。

为贯彻落实党中央决策部署精神，切实履行好宪法法律赋予检察机关的法律监督职责，依法、充分、规范开展立案和侦查活动监督工作，以高质效的监督履职落实“高质效办好每一个案件”的基本价值

* 周惠永，最高人民检察院普通犯罪检察厅副厅长、二级高级检察官；刘中琦，最高人民检察院普通犯罪检察厅主办检察官、三级高级检察官。

追求，2024 年 4 月，最高检以立案和侦查活动监督为主题，印发了第五十三批指导性案例。为准确理解和适用该批指导性案例，现对案例发布背景、意义和主要内容进行解读。

## 一、发布第五十三批指导性案例的背景和意义

我国刑事诉讼法、人民检察院刑事诉讼规则等法律、司法解释规定，人民检察院认为公安机关对应当立案侦查的案件而不立案侦查，或者不应当立案侦查而立案侦查的，应当要求公安机关说明不立案或者立案的理由。人民检察院认为公安机关不立案或者立案理由不能成立的，应当通知公安机关立案或者撤销案件；对侦查活动中存在刑讯逼供、非法取证、违法适用强制措施和查封、扣押、冻结等强制性侦查措施等违法行为，以及存在遗漏罪行、遗漏同案犯罪嫌疑人等情形的，应当依法提出监督纠正意见。以上刑事立案监督和侦查活动监督的制度设计，对规范侦查机关具体侦查行为、实现惩罚犯罪和保障人权目标、确保诉讼程序合法有效、保证刑法统一正确实施等具有重要意义。

从近些年的实践情况看，侦查机关应当立案而不立案、不应当立案而立案、长期“挂案”、刑讯逼供、非法取证等侦查违法行为仍时有发生，严重损害司法公正、司法公信和司法权威，需要检察机关更好发挥职能作用，及时予以监督纠正。而与此同时，检察机关自身也面临监督线索发现难、调查核实难、监督纠正难，侦查监督工作开展不及时、不到位、不规范，检察官能力、水平不能满足高质效监督履职需要等制约侦查监督工作高质量发展的突出问题亟待解决。

为加强对刑事立案监督和侦查活动监督的指导，最高检于 2021 年组织开展了第一届全国检察机关优秀立案和侦查活动监督案例评选活

动，经省级院初评、最高检调卷评审、集中复评和专家终评，评选出“十大优秀立案监督案例”和“十大优秀侦查活动监督案例”。随后，我们从这些优秀案例中，选取了指导意义突出的部分案例，编纂了本批指导性案例。总体的指导思想，是要通过指导性案例，引导、指导检察官：一是提升监督意识，依法充分履行立案和侦查活动监督职责。人民检察院是宪法法律规定的法律监督机关，各级检察院检察官都应当自觉提升履行侦查监督职责的意识，在各类案件办理中，依法充分履行监督职责，及时发现并纠正侦查违法，高质效办好每一个案件，努力让人民群众在每一个司法案件中感受到公平正义。二是树立正确理念，规范开展立案和侦查活动监督工作。监督履职过程中，要摒弃为监督而监督，监督就是制发文书、就是找茬纠错的错误认识和做法，而应当围绕协同提升刑事案件办理质量，协同提升公安执法规范化水平和检察监督能力，共同实现惩罚犯罪与保障人权并重目标，规范、有效开展监督工作。三是提升监督能力水平，用足用好调查核实权。开展立案监督和侦查活动监督，应当对监督事项、监督线索开展充分、扎实的调查核实工作。检察机关可以在不限制被调查对象人身、财产权利的情况下，依法运用讯问、询问、听取意见、勘验、检查、鉴定以及调取、查询、复制相关文书卷宗材料等手段，夯实事实和证据基础，以此有效提升监督意见的准确性和监督权威。

## 二、第五十三批指导性案例的主要内容

### （一）尹某某等人诈骗立案监督案（检例第 213 号）

2007 年 5 月，尹某某与由覃某某担任法定代表人的桂林乙公司商定合作开发商住楼项目，同时尹某某、申某某等人以挂靠的第三方公司名义承建了该商住楼的地基桩工程。2008 年 1 月，因桂林乙公司与

某某银行存在借贷纠纷，经广西壮族自治区高级人民法院调解，并指定来宾市中级人民法院依法组织了对商住楼土地的司法拍卖。为阻止司法拍卖，尹某某、覃某某及乙公司法律顾问全某某商议后，伪造工程资料，将 907 万元的地基桩工程造价虚增至 4191 万余元，并以挂靠公司名义向桂林市中级人民法院提起诉讼，后获法院判决确认。随后，尹某某等人以法律规定建设工程价款应优先受偿为由，向桂林市中级人民法院申请强制划扣拍卖款，致使某某银行通过司法拍卖实现债权的目的无法实现。后经该银行和买受人申请，来宾市中级人民法院裁定撤销拍卖成交结果并终止执行。

2013 年 1 月，桂林乙公司股权结构发生变化，新入资公司成为控股公司，覃某某不再作为公司控股人和法定代表人。后尹某某、申某某等人以挂靠公司名义，多次向法院申请强制执行，要求查封拍卖桂林乙公司涉案项目土地，执行判决虚增工程款本息。同时还实施了阻止新项目进场施工、聚集民工闹访等行为。至 2016 年 7 月，法院先后执行工程款、违约金及逾期利息合计 4729 万余元，另有 3427 万余元逾期利息因案发未得逞。同时，受民事诉讼、查封拍卖影响，与涉案土地相关的下岗职工安置、房屋产权登记等陷入停滞。

2016 年 8 月 31 日，桂林乙公司向桂林市人民检察院提出监督立案申请，称尹某某等人多次以伪造公章、虚增地基桩工程量等方式骗取其工程款，已构成犯罪，但该公司自 2012 年 5 月起多次向公安机关举报，公安机关均不予立案，请求检察机关监督立案。

为依法准确监督履职，桂林市人民检察院开展了以下调查核实工作。一是听取申请人及其代理律师意见，核实工程建设、工程款支付情况，了解相关民事诉讼及强制执行过程。二是询问公安机关工作人员，了解到未予立案侦查的理由，系认为该案事实与人民法院生效民事判决属于同一法律事实，且人民检察院未通知公安机关立案。三是调取民事诉讼卷宗材料和相关公司印章、地基桩设计图、施工合同、抽样质检报告、工程结算单等，比对发现原民事案件存在伪造桂林乙公司印章和工程结算单等行为。四是调取原地质、水文勘测资料、渣土运输审批记录等书证；询问勘测工程师、承运渣土司机等相关施工人员；实地勘测工程现场和倾倒渣土现场，排除因溶洞、地下暗河导致的工程量超出计划工程量的可能，发现尹某某等人有虚增工程量及相关土石方附属工程量行为。五是委托相关专业机构对实际工程量和工程造价进行鉴定，核实尹某某等人在民事案件中诉请的工程款存在远超实际工程造价的情况。

2016年12月14日，桂林市人民检察院向桂林市公安局发出《要求说明不立案理由通知书》。12月19日，桂林市公安局回复《不立案理由说明书》称尹某某等人诈骗一案与生效民事判决的案件属于同一法律事实，没有犯罪事实发生。桂林市人民检察院审查后认为，根据已有证据材料能够证明尹某某等人通过虚增地基桩工程量，获得法院判决确认后，通过申请强制执行获取虚增工程款，数额特别巨大，涉嫌构成诈骗犯罪，公安机关不立案理由不能成立。同日，桂林市人民检察院向桂林市公安局发出《通知立案书》，并将调查核实取得的证据材料一并移送公安机关。12月29日，公安机关依法对尹某某等人涉嫌诈骗罪立案侦查。

公安机关立案侦查后，桂林市人民检察院加强与公安机关的协作配合，跟踪督促案件办理情况并及时提出侦查取证意见。一是督促公安机关依照法定程序，对检察机关调查核实所获取的证人证言、被害人陈述、书证等证据材料予以收集固定。二是与公安机关建立关键信息实时共享、重要证据实时联络、重要节点实时会商的协作配合机制，密切跟踪侦查取证进展情况，发现需要补充证据的，列明取证提纲并督促公安机关及时完成取证工作。公安机关根据检察机关意见和会商形成的侦查取证方案，依法搜查获取能够证明真实地基桩工程量的关键书证，查明尹某某伙同覃某某、申某某、全某某等人共同实施诈骗犯罪的事实。三是持续跟踪督促公安机关深挖彻查犯罪线索，最终查明覃某某、尹某某、申某某、全某某等人涉嫌实施诈骗、虚假诉讼、寻衅滋事、行贿、集资诈骗、挪用资金等6个罪名18起违法犯罪事实，涉案金额高达4亿余元，并涉嫌构成恶势力犯罪集团。

同时，针对该系列案件中存在的股权变更、土地解封、抵押手续异常等问题，桂林市人民检察院经分析研判，认为可能存在国家机关工作人员职务违法犯罪嫌疑，遂向纪检监察机关和检察机关职务犯罪侦查部门移送了相关线索。

2018年6月起，桂林市人民检察院分批对覃某某、尹某某、申某某、全某某等人提起公诉。经依法审理，桂林市中级人民法院判决认定被告人覃某某、尹某某、申某某、全某某等人长期利用建设项目腐蚀拉拢国家机关工作人员，通过资本运作、弄虚作假、缠访闹访和暴力、软暴力手段攫取非法利益，属于恶势力犯罪集团，分别构成诈骗罪、集资诈骗罪、行贿罪、挪用资金罪、寻衅滋事罪、虚假诉讼罪等罪名，被判处无期徒刑至有期徒刑十年刑罚。一审判决后，部分被告人提出上诉。2021年9月，二审法院裁定驳回上诉、维持原判。同时，有4名审判人员因受贿罪被判处有期徒刑并处罚金，相关行政机关工作人员受到党政纪处分。刑事判决后，人民法院撤销因虚假诉讼产生的民事判决，解封被查封土地、房产，桂林乙公司挽回经济损失6亿余元、止损4亿余元；900余名购房户的产权证得以办理，400余名下岗职工安置工作得以推动解决。

该案例的指导意义在于，对于刑民交叉案件，应当遵循“先刑后民”原则，区分不同情形开展立案监督工作。公安机关以涉嫌刑事犯罪的案件与人民法院作出生效裁判文书的民事案件属于同一事实或者有牵连关系为由不予立案，当事人申请监督立案的，检察机关应当进行全面审查，准确把握实质法律关系。经审查认为民事案件与涉嫌犯罪案件系同一事实，全案不属于民事案件而涉嫌刑事犯罪，或者民事案件与涉嫌犯罪案件虽不是同一事实但有牵连关系，部分涉嫌刑事犯罪，需要追究刑事责任，符合立案条件的，应当依法监督公安机关立案侦查；认为没有犯罪事实发生，或者犯罪情节轻微不需要追究刑事责任，或者具有其他依法不需要追究刑事责任情形，不符合立案条件的，依法答复申请人。既要防止和纠正以刑事手段插手经济纠纷，也要注意避免以经济纠纷为由放纵刑事犯罪。

对于监督立案的重大复杂案件，应当持续跟踪督促侦查取证工作。要通过重大疑难案件听取意见、案件会商、法律咨询等方式，就证据收集、事实认定、案件定性等提出必要、明确、可行的意见建议，推动公安机关及时依法收集、固定、转化检察机关调查核实获取的证据材料，切实提升侦查办案质效。

（二）郭某甲、林某甲拒不执行判决、裁定立案监督案（检例第214号）

2011年至2012年间，债权人林某乙陆续借给郭某甲、林某甲夫妇214万元。债务到期后，郭某甲、林某甲未能偿还借款及利息，被林某乙起诉至福建省福清市人民法院。经法院调解，郭某甲、林某甲承诺分期偿还借款本息，但始终未履行还款义务。2013年3月14日，林某乙向福清市人民法院申请强制执行，后因当事人达成执行和解，福清市人民法院于12月18日终结本次执行程序。2014年3月，林某乙因郭某甲、林某甲未履行执行和解协议，且发现林某甲有房产待拆迁，遂申请法院恢复执行。

2015年1月26日，林某甲位于福清市某街道的房屋被福清市人民政府列入征收拆迁范围，随后在街道办事处组织下开展房屋面积和权属确认工作。其间，郭某甲、林某甲为隐藏、转移财产，让不知情的吴某甲持双方此前因借贷关系签订的房屋抵押条，与街道办事处签订征收拆迁补偿协议。

2015年6月23日，福清市人民法院作出查封该房屋、扣留征收拆迁补偿款的《执行裁定书》，同时向街道办事处发出《协助执行通知书》，要求其协助执行扣留、提取上述补偿款，并汇至法院执行账户。而街道办事处未履行协助执行义务，于同年7月28日将146万元房屋征收拆迁补偿款发放至吴某甲账户，吴某甲在扣除25万元债权后，将剩余的征收拆迁补偿款121万元汇入林某甲指定的银行账户。随后，郭某甲、林某甲将该账户内钱款全部予以转移，致使生效裁定无法执行。

2019年4月12日，债权人林某乙以原民事案件历时6年仍未执行到位，福清市人民法院怠于执行为由，向福清市人民检察院申请监督。福清市人民检察院控告申诉检察部门受理后，经审查申请材料、听取林某乙诉求，认为该申请符合民事执行活动监督受理范围，移送民事检察部门办理。

因该案可能涉嫌构成拒不执行判决、裁定罪，为整合内部力量、提升监督质效，福清市人民检察院民事检察部门与检察侦查部门抽调人员联合成立专门办案组，经调卷审查、实地调查、走访行政部门后发现，郭某甲、林某甲在房产征收拆迁过程中，通过案外人吴某甲向街道办事处提交借条、抵押条等材料的方式，要求街道办事处将房屋征收拆迁补偿款直接汇给案外人吴某甲；同时，街道办事处未履行福清市人民法院《协助执行通知书》关于扣留征收拆迁补偿款的要求，将征收拆迁补偿款直接发放至吴某甲账户。

为进一步查清案件事实，办案组通过调取银行流水、查询公安户籍系统、询问相关人员等方式对相关款项的流向进行了深入调查，发现146万元征迁补偿款流入吴某甲账户后，有121万元汇出至郭某甲、林某甲实际控制、使用的他人账户，再从该账户汇转至周某某等十余名郭某甲、林某甲的亲友账户。调查中还发现，福清市人民法院执行人员在获知林某甲的征迁补偿款已被转移给吴某甲的情况下，未依法责令街道办事处相关责任人员限期追回财产，未将郭某甲、林某甲拒不执行判决、裁定的相关线索移送公安机关。

福清市人民检察院办案组调查期间，多次与刑事检察部门沟通案件情况，并共同就案件是否涉嫌拒不执行判决、裁定犯罪进行分析研判。2019年6月3日，福清市人民检察院民事检察部门将犯罪线索书面移送刑事检察部门。刑事检察部门经审查后，向公安机关通报线索情况、移送证据材料，并持续跟踪督促公安机关及时立案侦查。2019年6月26日，福清市人民检察院向福清市人民法院发出检察建议，建议及时追回执行款；7月19日，向街道办事处发出检察建议，建议针对征迁工作中的失职行为开展自查自纠，健全规章制度，强化法律意识，依法规范行政。

经福清市人民检察院依法监督，福清市公安局对郭某甲、林某甲涉嫌拒不执行判决、裁定罪一案立案侦查。2020年1月，福清市人民法院以郭某甲、林某甲犯拒不执行判决、裁定罪，均判处二人有期徒刑一年六个月，二人未上诉。同时，福清市人民法院追回征收拆迁补偿款146万元发还林某乙，并更换执行承办人继续跟进后续执行情况。

街道办事处认真开展自查自纠、健全相关管理制度。

本案例的指导意义在于，人民检察院应当发挥检察监督一体化优势，加强对拒不执行判决、裁定罪的立案监督工作。民事检察部门在开展民事执行活动监督工作中，要注意发现、移送涉嫌拒不执行判决、裁定犯罪线索。对转移财产型拒不执行判决、裁定的案件线索，刑事检察、民事检察等部门要协同加强对监督线索的调查核实，围绕被隐藏、转移财产的来源和具体走向等，综合采取询问、查询、勘验、委托鉴定、调取证据材料等手段，全面查明是否存在“有能力执行而拒不执行，情节严重”情形，高质效开展拒不执行判决、裁定罪的监督立案工作。

要充分履行法律监督职责，助力解决法院“执行难”问题。依法履行人民法院作出并已发生法律效力的判决、裁定，是被执行人的法定义务。以监督办案确保国家法律正确统一实施，是宪法法律赋予检察机关的重要职责。针对司法实践中突出存在的“执行难”问题，检察机关要加强对民事执行活动的法律监督，在督促人民法院依法开展执行工作的同时，对于违反法律规定，逃避裁判执行义务，情节严重的被执行人，要通过加强线索移送、监督立案、批捕起诉等履职办案工作，依法及时追究被执行人拒不执行判决、裁定的刑事责任，发挥刑罚的惩治、警示、教育作用，助力推动解决“执行难”问题，维护司法权威。

（三）刘甲、刘乙恶势力犯罪集团侦查活动监督案（检例第215号）

2013年至2018年间，刘甲、刘乙分别纠集卢某某等人，在实施“套路贷”及高利放贷过程中，形成两个恶势力犯罪集团，有组织地多次实施敲诈勒索、非法拘禁、诈骗、寻衅滋事等违法犯罪活动，获取非法经济利益，在江苏省泰州市靖江地区为非作恶、欺压群众，扰乱社会秩序、经济秩序，造成恶劣社会影响。

2019年4月12日，公安机关对该案立案侦查；5月至6月间，先后对刘甲、刘乙、卢某某等人采取指定居所监视居住强制措施；8月至10月间，先后对刘甲、刘乙等人提请江苏省泰州医药高新技术产业开发区（以下简称高新区）人民检察院批准逮捕。

2019年10月，在审查逮捕过程中，承办检察官发现卢某某供述前后矛盾，遂要求其说明理由，卢某某长时间沉默不语。后经检察官释法说理、耐心沟通，卢某某反映其在指定居所监视居住期间，曾遭受殴打及饥饿、疲劳讯问。

针对发现的侦查违法线索，高新区人民检察院开展了以下调查核实工作：一是根据卢某某反映的遭受殴打的时间、地点，调取并审查指定居所监视居住期间相应时段的录音录像，发现部分关键时段录像缺失。二是调取并审查全案指定居所监视居住期间录音录像，经与传讯通知书、讯问笔录进行比对，发现侦查人员存在较长时间内对犯罪嫌疑人连续疲劳讯问情况，违反了讯问应当保证犯罪嫌疑人必要休息时间的法律规定，并有违法使用戒具等情形。三是逐一讯问被指定居所监视居住的同案犯罪嫌疑人，详细了解饮食、休息等情况，刘甲、刘乙等人均反映存在长时间未保障必要饮食和休息等违法情形，发现有个别犯罪嫌疑人因长期未获得休息、饮食保障，身体健康状况受到严重影响。

经调查核实，高新区人民检察院认为，公安机关侦查活动存在严重违法，涉嫌刑讯逼供，依法应予以监督纠正：一是就疲劳审讯、饥饿审讯、违法使用戒具、连续传唤变相拘禁犯罪嫌疑人等问题制发《纠正违法通知书》，并当面向公安机关通报发现的问题，督促公安机关予以整改。二是依据《人民检察院刑事诉讼规则》第341条规定，要求公安机关及时更换侦查人员，重新开展相关侦查取证工作。三是将侦查人员涉嫌刑讯逼供的线索材料移送泰州市人民检察院，并提出初步研判和分析意见。

根据非法证据排除的相关法律规定，高新区人民检察院认为侦查人员在指定居所监视居住期间采取了违法使用戒具等暴力方法，以及饥饿、疲劳审讯等变相肉刑的恶劣手段，使犯罪嫌疑人遭受难以忍受的痛苦，侦查活动严重违法，依法排除了刘甲、刘乙、卢某某等犯罪嫌疑人在指定居所监视居住期间所作的有罪供述，并告知犯罪嫌疑人及其辩护人。

非法证据排除后，在案其他证据能够证明刘甲、刘乙等人涉嫌犯罪，但部分事实不清、证据不足，需要进一步侦查取证。为此，检察机关在审查起诉阶段依法开展了自行补充侦查，重点围绕非法证据所涉及的案件事实，重新讯问了犯罪嫌疑人、询问了被害人，核实了各犯罪嫌疑人实施的犯罪行为及其在犯罪集团中的地位、作用，以亲历性审查确保案件事实认定客观准确。同时，就证明恶势力犯罪集团危害性特征等问题，将案件退回公安机关补充侦查，后公安机关补充收集固定证据50余份。

高新区人民检察院以涉嫌构成敲诈勒索、非法拘禁、诈骗、寻衅滋事罪，分别对刘甲、刘乙、卢某某等多人提起公诉，全案被告人均自愿认罪认罚。2020年10月30日，高新区人民法院一审判处刘甲、刘乙、卢某某等人有期徒刑十二年至十个月不等的刑罚，被告人均未上诉。对本案中发现的刑讯逼供犯罪线索，经检察机关立案侦查、提起公诉，2名侦查人员被依法追究刑事责任。对于案件中发现的指定居所监视居住不合法、不规范等问题，经高新区人民检察院上报，江苏省人民检察院会同省公安厅开展了深入调研总结，于2021年7月联合制定了《关于适用指定居所监视居住的实施意见》，明确规定公安机关应当在宣布指定居所监视居住决定的24小时内向检察机关抄送相关文书材料；检察机关应及时对决定的合法性进行审查，加强对指定居所监视居住的检察监督；同时规定，指定居所监视居住期间应当保障被监视居住人的饮食和必要的休息等，规范适用有关措施。

该案例的指导意义在于，人民检察院要加强对犯罪嫌疑人被指定居所监视居住期间侦查活动合法性的审查和监督。在审查案件中，要认真听取犯罪嫌疑人对侦查违法的控告意见，注意审查侦查人员的讯问时间、频次以及犯罪嫌疑人供述变化情况，全面了解戒具使用、人身安全检查、饮食休息保障等方面情况，必要时调取并审看同步录音录像。经调查审查发现侦查人员涉嫌刑讯逼供犯罪的，应当将有关线索材料按程序移送检察侦查部门，依法开展初查、侦查工作，全面核实相关情况。

要综合审查判断并依法排除非法证据。对于侦查人员采取殴打、违法使用戒具等暴力方法，或者以不保障必要饮食和必要休息时间等变相肉刑恶劣手段，造成受伤、患病等严重损害犯罪嫌疑人身体健康后果的，应当认为已达到犯罪嫌疑人难以忍受的痛苦程度；对于并未造成严重后果的，经综合审查侦查违法行为的方式、频次，对于长时间、频繁实施该类行为的，可以认为达到使犯罪嫌疑人遭受难以忍受痛苦的程度。基于上述情况而获取的有罪供述应当依法排除。

排除非法证据后，有证据证明犯罪嫌疑人涉嫌犯罪但证据不够确实、充分，证据链条不完整的，检察机关可以退回公安机关补充侦查，明确提出补充侦查的方向和具体意见，并依法要求公安机关另行指派侦查人员重新进行侦查取证；必要时，也可以自行调查取证，以亲历性补充完善证据体系，确保案件事实认定客观准确。

（四）付某盗窃侦查活动监督案（检例第 216 号）

2019 年 11 月 10 日 6 时许，被害人时某某放在某快餐店收银台的一部手机被盗，价值 1722 元。四川省绵阳市公安局涪城区分局接被害人报案后，于当日以“时某某被盗窃案”立案侦查。经调取快餐店监控视频发现，一用餐男子在店内盗窃手机后进入附近一网吧上网至 11 时，登记身份信息为“付某”。2020 年 5 月 8 日晚，付某在绵阳市一网吧被公安机关抓获，并在当日接受讯问时表示认罪认罚。5 月 9 日，付某因涉嫌盗窃罪被公安机关取保候审。6 月 15 日，公安机关以付某涉嫌盗窃罪向绵阳市涪城区人民检察院移送审查起诉。

涪城区人民检察院在审查起诉时发现，在案有付某有罪供述、上网登记身份证信息、指认现场笔录等证据，证明付某有盗窃嫌疑。2020 年 6 月 22 日，涪城区人民检察院在对付某进行第一次讯问时，付某也表示认罪认罚，并于次日主动赔偿了被害人损失。但同时，在案证据也存在疑点，如案发现场监控视频中犯罪嫌疑人头戴帽子、面部特征不清晰，体型与付某存在一定差异；付某关于在案发快餐店购买的食物种类、所盗手机摆放位置以及是否处于充电状态等供述，与被害人陈述不一致等。此外，付某还在讯问后多次以电话形式向承办检察官了解被定罪处罚的法律后果，表现不同于一般的认罪认罚犯罪嫌疑人。

针对上述问题，涪城区人民检察院于 6 月 24 日再次讯问付某，在重新核实作案细节的同时，详细向其释明了盗窃犯罪的刑罚责任、认罪认罚的性质和法律后果。经释法说理，付某改变了原有罪供述，称其未实施盗窃行为，案发时自己不在案发城市，且曾经丢失过身份证；侦查阶段的有罪供述系在侦查人员称其不认罪将被关押，以及“事情不严重、赔钱就可以回家”的诱导下，按照侦查人员出示的快餐店监控视频供述了“盗窃”“销赃”的全部过程，有罪供述不真实，认罪认罚非自愿。综合在案证据，涪城区人民检察院认为付某认罪认罚的自愿性、真实性、合法性存疑，侦查人员可能存在未客观、全面收集、调取证明犯罪嫌疑人无罪证据的情形。

围绕问题线索，涪城区人民检察院组织开展了调查核实、督促取证工作。一是经询问本案侦查人员、查阅案卷材料、调取执法记录影像资料发现，该案侦查人员根据网吧登录的身份信息认定案件系付某所为，未采信付某所作无罪辩解，未依法全面收集调取证明犯罪嫌疑人无罪的证据。二是经查看案发现场监控视频，发现视频清晰度较差，不具备比对、辨认条件，而犯罪嫌疑人使用付某身份证件的网吧监控视频因时间久远已被覆盖无法调取，认定犯罪嫌疑人系付某的客观性证据仅有其身份证登录信息，未能形成完整的证据链条。三是针对付某的无罪辩解，公安机关按照检察机关补充相关证据材料的要求，调取了付某手机定位、骑行记录、其亲属及同事的证人证言，证实案发时段付某在眉山市，不在案发的绵阳市；调取了付某出行记录，通过大数据查询比对后证实案发前后付某无乘坐动车、火车、汽车等公共交通工具的出行记录；核查了户证办理系统，证实付某曾于2016年10月、2018年6月两次因身份证丢失补换身份证。

综合调查核实情况以及其他在案证据材料，涪城区人民检察院查明，在案发时段内，付某不在案发城市，盗窃行为非其所为；公安机关仅以网吧登录身份信息认定付某为犯罪嫌疑人错误。2020年7月29日，检察机关依法对付某作出不起诉决定，并要求公安机关对“时某某被盗窃案”继续侦查。8月6日，就侦查人员未收集调取明显可以收集调取的无罪证据等怠于侦查行为，涪城区人民检察院向公安机关制发《纠正违法通知书》，同时将涉嫌失职的案件线索移送相关部门。

收到监督纠正意见后，公安机关书面回复了整改落实情况，对本案中存在的侦查活动违法问题启动倒查问责程序，依纪依规对涉案侦查人员作出处理。同时，为规范刑事案件内部监督审核机制，公安机关还专门制定了《刑事案件审核运行规程》。涪城区人民检察院也在总结本案办理经验基础上，制定了《认罪认罚案件证据细节审查制度》，细化对认罪认罚自愿性、真实性、合法性审查，加强和规范侦查活动监督，建立健全办理认罪认罚案件防错纠错机制。

该案例的指导意义在于，人民检察院办理犯罪嫌疑人认罪认罚的轻微刑事案件，应当加强对侦查活动合法性和认罪认罚真实性、自愿性、合法性的审查监督。特别是小额盗窃、危险驾驶等案件，要注重审查侦查取证过程中是否存在暴力、威胁、引诱等侦查违法情形，审查犯罪嫌疑人是否理解认罪认罚的性质和可能导致的法律后果等方面内容，防止出现违背意愿的认罪认罚。

要坚持证据裁判原则，强化对证据体系的审查与完善。加强对书证、物证等客观性证据与案件事实之间的关联性以及犯罪主体的同一性审查；重视言词证据之间的细节差异，确保全案证据相互印证且形成完整的证据链条，做到事实清楚，证据确实、充分。对于犯罪嫌疑人作出的无罪、罪轻辩解，或者审查发现犯罪嫌疑人无罪、罪轻证据线索的，人民检察院应当坚持客观公正立场，通过自行补充侦查调取证据材料，或者督促公安机关继续侦查、补充侦查等方式，全面客观收集无罪、罪轻的证据。对侦查人员怠于侦查，未依法收集明显能够收集调取的无罪、罪轻证据的，应当依法提出纠正意见，涉嫌失职渎职的，应当依法移送相关线索。

（五）曾某甲等人故意伤害纠正遗漏同案犯罪嫌疑人侦查监督案（检例第217号）

2011年6月22日中午，曾某乙因与同厂女工田某某发生冲突，与田某某的朋友邝某某等人产生纠纷。后曾某甲、曾某乙以解决纠纷为由，约邝某某等人于当晚18时许到某餐馆吃饭。同时，曾某乙将欲报复邝某某等人之事告知“阿俊”，并约“阿俊”等人到场。当晚，双方在餐馆发生口角。曾某甲、曾某乙、“阿俊”分别持“阿俊”携带的水果刀、铁棍捅刺、击打邝某某等人，致邝某某右肺破裂大失血死亡，其他2人轻伤。案发后，曾某甲、曾某乙、“阿俊”等人畏罪潜逃。

2011年6月23日，广东省惠州市公安局惠城区分局以“邝某某等被伤害案”进行立案侦查，并登记曾某甲、曾某乙、“阿俊”等人为在逃人员。2019年9月26日，惠城区公安分局将曾某甲、曾某乙2人抓获。12月11日，惠城区公安分局侦查终结，以曾某甲、曾某乙涉嫌故意伤害罪移送惠城区人民检察院审查起诉。经惠城区人民检察院报送，2020年2月5日，惠州市人民检察院以曾某甲、曾某乙构成故意伤害罪，向惠州市中级人民法院提起公诉。11月24日，惠州市中级人民法院判决曾某甲、曾某乙犯故意伤害罪，分别判处死刑缓期二年执行、有期徒刑十四年。曾某甲、曾某乙二人提出上诉。

广东省人民检察院收到广东省高级人民法院移送案卷后，经审查案件材料、听取上诉理由，发现一审案件可能存在以下问题：一是遗漏同案犯罪嫌疑人。在案证据证明“阿俊”提供了作案工具、直接实施了伤害行为，应作为曾某甲、曾某乙故意伤害案同案犯追究刑事责任，而在案有曾某乙的书面举报等线索，能够帮助查明“阿俊”身份，但侦查阶段未对其有效开展侦查、抓捕工作，至审查起诉、一审判决中均认定“阿俊”为“在逃”“另案处理”。二是证据形式不合法、不规范。公安机关对作案工具去向、部分需要证人证言、被害人陈述证明的事实未以法定证据予以证明，而是简单以《情况说明》代替，不符合法定证据形式和取证要求。

针对一审阶段遗漏同案犯问题，广东省人民检察院对曾某乙举报线索开展了调查核实。经提讯，曾某乙称虽不知“阿俊”真实姓名，但知道“阿俊”姓秦，籍贯贵州，从惠州监狱获释不久；同时，其在逃期间，还曾与“阿俊”胞弟“秦某兵”联系，并存有手机号码，有查明“阿俊”真实身份、抓捕到案可能。2021年4月21日，广东省人民检察院将二审阶段发现的“阿俊”身份信息线索和其他证据材料移送公安机关，并建议公安机关及时查明“阿俊”真实身份、抓捕归案。5月17日，公安机关经曾某乙辨认后，将“秦某某（阿俊）”抓捕归案。

秦某某归案后，辩称作案工具并非其提供，且未实施伤害行为，与曾某乙等人供证存在明显矛盾。为查清案件事实，广东省人民检察院持续跟踪案件侦办情况，并派员就侦查取证提出意见。一是督促公安机关围绕涉案人员预谋商议、矛盾激化、斗殴过程以及作案工具来源、砍伤细节等方面补充完善了被告人供述、被害人陈述。二是督促公安机关补充完善现场勘验、死因鉴定等方面客观性、技术性证据。

针对公安机关以出具《情况说明》方式，简单替代应当以讯问笔录、询问笔录、辨认笔录、现场勘验检查笔录等法定形式收集、固定证据的问题，广东省人民检察院对公安机关提出规范取证意见，要求严格依照法定程序重新收集、固定相关证据。按照检察机关意见，公安机关对一审卷宗中40余份“情况说明”所涉及的案件事实进行了重新侦查、取证，依照法定程序收集、固定、转化为符合庭审要求的合法证据。

经纠正遗漏同案犯、补充完善证据链条、依法转化证据形式，广东省人民检察院审查认为本案上诉理由不能成立。2021年8月24日，广东省高级人民法院经二审开庭审理，认为曾某甲、曾某乙故意伤害一案原判决认定事实和适用法律正确、量刑适当，裁定驳回上诉、维持原判。2021年8月21日，在广东省人民检察院指导下，惠州市人民检察院以秦某某犯故意伤害罪向惠州市中级人民法院提起公诉。10月29日，惠州市中级人民法院判决被告人秦某某犯故意伤害罪，判处有期徒刑十年。秦某某上诉。2022年2月25日，广东省高级人民法院驳回上诉、维持原判。

该案例的指导意义在于，人民检察院办理二审案件，应当持续履行对侦查活动的监督职责。检察机关的监督职责贯穿侦查、批捕、起诉、一审、二审等刑事诉讼全过程。办理二审案件，也要增强侦查监督意识、履行侦查监督职责，依法监督纠正侦查违法。发现遗漏罪行或者同案犯罪嫌疑人的，要依法建议公安机关侦查并提出侦查取证意见。

对公安机关适用“另案处理”的情形，人民检察院应当进行实质性审查。发现“另案处理”的在逃犯罪嫌疑人线索的，及时移送并督促公安机关抓获犯罪嫌疑人，查清犯罪事实。案件处于审查起诉阶段的，应当要求公安机关补充侦查或者补充移送起诉；二审阶段发现的，应当建议公安机关侦查。发现适用“另案处理”存在违法或者不当的，应当向公安机关提出书面纠正意见。发现属于犯罪嫌疑人长期在逃或者久侦不结的，可以适时发函催办。

对公安机关出具的《情况说明》内容，人民检察院应当进行审查。发现公安机关以《情况说明》代替法定证据，用于证明案件事实的，应当督促公安机关依法定程序、以法定形式重新收集、固定；以出具《情况说明》的方式，怠于行使侦查职责的，应当依法提出监督纠正意见。对案件发生后、诉讼活动中形成的事实、材料，在案件审查办理中确有必要进行说明的，如取证合法性、发破案经过、到案经过、抓获经过、退赃退赔情况等，可以使用《情况说明》。

Quanwei Jiedu

# 权威解读

# 最高人民检察院经济犯罪检察厅
# 关于办理财务造假犯罪案件有关问题的解答

（2024 年 4 月 2 日　高检四厅〔2024〕3 号）

财务造假犯罪主要涉及欺诈发行证券与违规披露、不披露重要信息，以及提供虚假证明文件、出具证明文件重大失实等几种犯罪。现就实践中遇到的一些问题，解答如下。

## 一、总体问题

### （一）如何认定公司、企业的信息披露义务

欺诈发行证券罪与违规披露、不披露重要信息罪是依法负有信息披露义务的公司、企业在证券发行、持续经营等不同阶段实施的隐瞒重要事实、编造重大虚假内容的信息披露犯罪。发行不同的证券、在不同的阶段，信息披露义务主体和披露义务均有差别，准确认定公司、企业是否为信息披露义务主体及其披露义务是认定本罪的前提条件，对此应当依据《公司法》《证券法》以及根据上述法律制定的行政法规、部门规章作出判断。

1. 关于证券发行人在发行上市阶段的信息披露义务。证券发行人在发行阶段的信息披露义务，应当依据《公司法》《证券法》《首次公开发行股票并上市管理办法》《上市公司证券发行管理办法》《公司债券发行与交易管理办法》《企业债券管理条例》《公司信用类债券信息披露管理办法》《可转换公司债券管理办法》《存托凭证发行与交易管

理办法（试行）》《境内外证券交易所互联互通存托凭证业务监管规定》《非上市公众公司监督管理办法》等，依法作出认定。需要注意的是，发行股票，既包括首次公开发行股票并上市，也包括公司上市后公开发行股票、非公开发行股票。发行债券，既包括上市公司发行债券，也包括非上市公司、企业发行债券；既包括公开发行债券，也包括非公开发行债券；既包括发行仅还本付息的信用类债券，也包括发行可转换为本公司股票的可转换公司债券。发行存托凭证，既包括境外公司在境内发行存托凭证并上市，也包括境内公司在境外发行存托凭证并上市。发行不同类型的证券，信息披露主体及义务存在差异，应当精准适用行政规定，依法作出认定。

2. 关于证券发行人持续经营阶段的信息披露义务。（1）公司股票发行后，上市公司、非上市公众公司对公司经营情况、财务情况、重大事件等负有定期披露义务和临时披露义务，应当依据《公司法》《证券法》《上市公司信息披露管理办法》《上市公司重大资产重组管理办法》《上市公司收购管理办法》《上市公司监管指引》《非上市公众公司信息披露管理办法》等，依法作出认定。（2）债券发行后，发行人在债券存续期内负有定期披露义务和临时披露义务，应当依据《证券法》《公司债券发行与交易管理办法》《企业债券管理条例》《公司信用类债券信息披露管理办法》《可转换公司债券管理办法》等法律法规，依法作出认定。（3）境外公司在境内发行存托凭证并在境内交易所上市后，境外基础证券发行人对境外公司经营情况、财务情况、重大事件等负有定期披露和临时披露义务，应当依据《证券法》《存托凭证发行与交易管理办法（试行）》《境内外证券交易所互联互通存托凭证业务监管规定》《创新企业境内发行股票或存托凭证上市后持续监管实施办法（试行）》等，依法作出认定。

3. 关于具体事项的披露义务。对于重大诉讼、仲裁、担保、关联交易等具体事项的披露义务，可以根据上市规则以及证券交易所制定的具体事项信息披露指引等，依法作出认定。

（二）罪数问题

1. 关于欺诈发行证券罪与违规披露、不披露重要信息罪的罪数问题。公司、企业利用相同的虚假财务数据，先后实施欺诈发行证券行为与违规披露、不披露重要信息行为，属于实施了两个违法行为，分别构成犯罪的，应当同时以欺诈发行证券罪和违规披露、不披露重要信息罪追究刑事责任。

2. 关于欺诈发行证券罪与行贿犯罪的罪数问题。《关于公安机关管辖的刑事案件立案追诉标准的规定（二）》（以下简称立案追诉标准）第五条第八项规定，为欺诈发行证券向负有金融监管职责的单位或者人员行贿，应当立案追诉。本项规定应作如下理解：具有客观行贿事实即符合本罪的立案追诉条件，行贿行为同时构成犯罪的，应当数罪并罚。

（三）多项立案追诉标准是否有先后适用顺序，符合多项标准的是否必须全部查明

1. 立案追诉标准规定的多项标准是并列适用的关系，在适用上有准确选择的要求，但没有优先、劣后之分，达到其中一项标准的就应予立案追诉。其中，第十项兜底条款在适用上虽应慎重把握，但与同条款的其他规定仍属并列适用关系。

2. 财务造假犯罪由于财务指标互相关联，犯罪行为往往同时符合几种追诉标准，对此从法律和道理上讲，应当依法全部查明，以便全面评价犯罪情节和危害后果。

（四）如何认定“直接经济损失”

立案追诉标准对欺诈发行证券罪与违规披露、不披露重要信息罪均规定“造成投资者（股东、债权人或者其他人）直接经济损失数额累计在100万元以上的，应予立案追诉”。对此，相关虚假陈述侵权民事赔偿案件已有生效判决的，可以参照民事判决对直接经济损失作出认定；直接经济损失数额难以准确计算的，应当依法委托专门机构出具测算报告后予以审查认定。

（五）如何把握“情节特别严重”的升档标准

立案追诉标准规定的定罪量刑情节大致可以分为数额、比例及其他情形三种。对于数额，可按司法实践通行的五倍关系把握刑罚升档标准。对于立案追诉标准规定的比例、其他情形的升档标准，因不同造假主体的规模体量差异较大，可按罪责刑相适应原则并结合常情常理，在个案当中积极探索，积累认定经验。

（六）关于支持证券纠纷代表人诉讼的问题

财务造假犯罪危害严重，应当坚持刑事、行政、民事立体化追责。检察机关支持证券纠纷代表人诉讼，有关方面提出复制材料等协助请求的，应当依法配合。

（七）公司、企业违反规定在账目上作跨期确认，但涉案交易真实存在的，如何处理

公司、企业违反《企业会计准则——基本准则》《企业会计准则第8号——资产减值》《企业会计准则第14号——收入》等的规定，跨期确认收入、跨期确认成本以及跨期确认应当计入当期利得或损失等情形，属于财务造假行为，构成犯罪的，应当依法追究刑事责任。涉案交易真实存在的，可以作为量刑情节予以考虑。

（八）涉案人员的分层分类处理问题

财务造假犯罪层级多、链条长，涉及的公司、企业人员也较多，对此应坚持分层分类处理。

1. 公司、企业的控股股东、实际控制人，董事、监事，总经理、副总经理、财务负责人、董事会秘书等高级管理人员，实施或组织实施财务造假行为，或者签字确认明知虚假的信息披露文件的，应当以欺诈发行证券罪或者违规披露、不披露重要信息罪依法追究刑事责任。上述人员是否明知，应当根据其对公司、企业的控制权、决策权以及具体管理职责等，综合认定。

2. 公司、企业体系内的中层负责人或者一般工作人员，在财务造假行为中负有部分组织责任或者积极参与起较大作用的，应当以欺诈发行证券罪或者违规披露、不披露重要信息罪依法追究刑事责任。对于受单位领导指派或者奉命参与实施一定犯罪行为的人员，作用不大的，一般不宜作为直接责任人员追究刑事责任。

3. 单位或个人通过签订虚假交易合同、资金空转等手段，配合公司、企业实施财务造假行为，构成合同诈骗、虚开发票、逃税等犯罪的，应当依法追究刑事责任，同时成立财务造假犯罪共犯的，应当依照处罚较重的规定定罪处罚。单位或个人专门为公司、企业提供财务造假"一条龙"服务的，应当从严打击。

## 二、关于欺诈发行证券罪的问题

（九）本罪规定的债券有哪些

本罪规定的公司、企业债券，是指公司、企业依照法定程序发行、约定在一定期限还本付息的有价证券，既包括在交易所市场发行的债券，也包括在银行间市场发行的债券。在办案过程中，遇到新类型或不常见的债券，可在征求主管部门意见后，根据法律和行政法规规定的基本原理，按照“还本付息”这一债券的共同属性，依法作出认定。

（十）本罪立案追诉标准第二至四项规定的虚增或者虚减资产、营业收入、利润的占比，是按照发行文件披露的几个会计年度的总和计算，还是按照不同会计年度分别计算

发行股票或债券对企业财务指标有不同的要求，可以分为对最近几年每年财务指标的要求、对最近几年平均财务指标的要求和对最近一期财务指标的要求，发行文件对相应的财务指标均应作全面披露。根据立案追诉标准第二至四项的规定，比例计算的分子是“虚增或者虚减的资产、营业收入、利润”，分母是“当期资产总额、营业收入总额、利润总额”，发行文件中虚假披露的是最近几年每年财务指标的，分子、分母按照不同会计年度数据分别计算；虚假披露的是最近几年平均财务指标的，分子、分母按照披露的最近几个会计年度绝对金额的总数计算；虚假披露的是最近一期或者期末财务指标的，分子、分母按照最近一个会计年度的数据计算。

（十一）本罪立案追诉标准第五项“隐瞒或者编造的重大诉讼、仲裁、担保、关联交易以及其他重大事项所涉及的数额或者连续十二个月的累计数额达到最近一期披露的净资产50%以上的”，不同类型重大事项是单独计算还是合并计算，最近一期披露的净资产是指哪一期

该项以重大事项违规披露数额与净资产的比例为立案追诉标准，分子、分母的计算应注意：

1. 分子：为隐瞒或者编造重大事项的数额，采用“先并后合”的方法计算。“先并”指重大诉讼、担保、仲裁、关联交易以及其他重大事项所涉及的数额应当合并计算，“后合”指任意连续十二个月未按照规定披露的重大事项所涉及的数额应当累计计算，可跨不同会计年度。

2. 分母：为最近一期披露的净资产，“最近一期”指发行文件披露当期。发行上市阶段要求披露的信息是为了让投资者了解公司、企业发行时经营状况，为投资决策提供参考，重大事项对投资者决策的影响也应体现为对发行当时企业生产、经营的影响，因此以重大事项所涉数额占发行当期净资产的比例认定情节严重程度。

## 三、关于违规披露、不披露重要信息罪的问题

（十二）本罪立案追诉标准第五项“未按照规定披露的重大诉讼、仲裁、担保、关联交易以及其他重大事项所涉及的数额或者连续十二个月的累计数额达到最近一期披露的净资产 50% 以上”如何理解，是否应当按照临时披露义务、定期披露义务分别计算

根据证券法第七十九条、第八十条、第八十一条的规定，依法负有信息披露义务的公司、企业对重大诉讼、仲裁、担保、关联交易等重大事项，负有临时报告、定期报告双重信息披露义务。因此，对于临时披露重大事项违规比例、定期披露重大事项违规比例应当分别计算，其中一个比例达到该项标准的就应当立案追诉。

1. 关于临时披露重大事项违规比例的计算。发生可能对证券交易价格产生重大影响的重大事项，公司、企业应当及时披露。对于违反该临时披露义务的，违规比例计算方法为：分子采用“先并后合”的方法，先将未按规定披露的重大诉讼、担保、仲裁、关联交易以及其他重大事项所涉及的数额合并计算，后将任意连续十二个月未按照规定披露的重大事项所涉及的数额累计计算，可跨不同会计年度；分母采用连续十二个月最后一笔未按照规定披露重大事项往前最近一期年度报告披露的净资产。

需要注意的是，关于分子，对于单笔重大事项未达临时披露标

准，多笔重大事项累计达到临时披露标准的（按照交易所业务规则，诉讼、仲裁、担保、关联交易等重大事项，按不同类型分别累计至一定数额的应当临时披露），以累计至披露标准的当次应当披露的数额计入分子。关于分母，由于交易所业务规则规定重大事项是否应当临时披露，一般以占最近一期经审计数额的比例为标准，因此分母选取经审计的年度报告，不选取中期报告。

2. 关于定期披露重大事项违规比例的计算。定期披露文件应当对当期的诉讼、仲裁、担保、关联交易等重大事项进行完整披露。对于违反该定期披露义务的，违规比例计算方法为：分子采用当期披露文件未按规定披露的诉讼、仲裁、担保、关联交易等重大事项所涉及的合并数额；分母采用当期披露文件披露的净资产。

（十三）本罪的追诉时效问题

1. 伪造财务数据后又实施虚假平账行为的，该虚假平账行为是财务造假行为的一部分，追诉期限从虚假平账行为终了之日起计算。

2. 公司、企业违规不披露重要信息，违法行为有继续状态的，继续状态结束之日为行为终了之日，追诉期限从该日起计算。

## 四、关于中介组织及其人员犯罪的问题

（十四）关于定罪问题

中介组织及其人员故意提供虚假证明文件，情节严重的，以提供虚假证明文件罪追究刑事责任，其同时参与财务造假行为成立财务造假犯罪共犯的，应当依照处罚较重的规定定罪处罚。中介组织及其人员在履行职责过程中严重不负责任，出具的证明文件有重大失实，造成严重后果的，以出具证明文件重大失实罪依法追究刑事责任。

（十五）关于严重不负责任的认定问题

办理中介组织及其人员犯罪案件，如何认定严重不负责任是经常遇到的问题。所谓严重不负责任，一般指不遵守规定或能为而不为，不同性质的中介组织因职责各异而有不同的判断标准。以会计师事务所的审计人员为例，目前既有案例的认定标准主要有以下几种情形：未按审计准则履行必需的审计程序；一般审计人员能够正常发现的问题而未发现；未开展审计工作而直接签字确认审计结论等。实际办案不能囿于既往认定情形，具体认定标准要保持必要的开放性，以制衡越来越隐蔽的犯罪手法和行为人越来越强的反侦查能力；同时还应注意到，严重不负责任背后往往隐藏有利益关联或利益输送行为，对此应当坚持深挖彻查、全面打击。

# 最高人民法院　最高人民检察院　公安部 关于办理跨境电信网络诈骗等刑事案件 适用法律若干问题的意见

（2024 年 6 月 26 日　高检发办字〔2024〕166 号）

为依法严厉惩治跨境电信网络诈骗等犯罪活动，根据《中华人民共和国刑法》《中华人民共和国刑事诉讼法》等法律及有关司法解释等规定，结合工作实际，制定本意见。

## 一、总体要求

1. 跨境电信网络诈骗等犯罪活动严重侵害人民群众生命财产安全，社会危害极大，人民群众反映强烈。人民法院、人民检察院、公安机关要坚持以人民为中心，坚持系统治理、依法治理、源头治理，依法从严惩处，全力追赃挽损，坚决维护人民群众切身利益。依法重点打击犯罪集团及其组织者、策划者、指挥者和骨干成员；重点打击为跨境电信网络诈骗等犯罪活动提供庇护的组织；重点打击犯罪集团实施的故意杀人、故意伤害、绑架、强奸、强迫卖淫、非法拘禁等犯罪行为；重点打击为跨境电信网络诈骗等犯罪集团招募成员而实施组织、运送他人偷越国（边）境的犯罪行为。

2. 人民法院、人民检察院、公安机关要严格依法办案，坚持以证据为中心，贯彻证据裁判原则，全面收集、审查证据，严禁刑讯逼供和以威胁、引诱、欺骗等非法手段收集证据，充分保障犯罪嫌疑人、被告人诉讼权利，准确认定事实，正确适用法律，依法公正办理。

3. 人民法院、人民检察院、公安机关要认真贯彻落实宽严相济刑事政策，充分考虑行为人的一贯表现、主观恶性和人身危险性，做到区别对待、宽严并用、罚当其罪。对于应当重点打击的犯罪分子，坚持总体从严，严格掌握取保候审范围，严格掌握不起诉标准，严格掌握从轻、减轻处罚或者缓刑的适用范围和幅度，充分运用财产刑，不让犯罪分子在经济上得利。对于主动投案、认罪认罚、积极退赃退赔，积极配合办案机关追查相关犯罪、抓捕首要分子和骨干成员、追缴涉案财物起到重要作用的，以及未成年人、在校学生和被诱骗或者被胁迫参与犯罪的人员，坚持宽以济严，依法从宽处罚。

## 二、依法惩治跨境电信网络诈骗等犯罪

4. 通过提供犯罪场所、条件保障、武装庇护、人员管理等方式管理控制犯罪团伙实施跨境电信网络诈骗、敲诈勒索等犯罪活动，抽成分红或者收取相关费用，有明确的组织者、领导者，骨干成员基本固定，符合刑法第二十六条第二款规定的，应当认定为犯罪集团。

组织者、领导者未到案或者因死亡等法定情形未被追究刑事责任的，不影响犯罪集团的认定。

5. 对于跨境实施的电信网络诈骗、敲诈勒索等犯罪，确因客观条件限制无法查明被害人的，可以依据账户交易记录、通讯群组聊天记录等证据，结合犯罪嫌疑人、被告人供述，综合认定犯罪数额。

对于犯罪集团的犯罪数额，可以根据该犯罪集团从其管理控制的犯罪团伙抽成分红或者收取费用的数额和方式折算。对于无法折算的，抽成分红或者收取费用的数额可以认定为犯罪数额。

6. 犯罪嫌疑人、被告人参加犯罪集团或犯罪团伙，实施电信网络

诈骗、敲诈勒索等犯罪行为，犯罪集团或犯罪团伙的犯罪数额已经查证，但因客观条件限制无法查明犯罪嫌疑人、被告人具体犯罪数额的，应当综合考虑其在犯罪集团、犯罪团伙中的地位作用、参与时间、与犯罪事实的关联度，以及主观恶性和人身危险性等，准确认定其罪责。

7. 犯罪嫌疑人、被告人参加境外诈骗犯罪集团或犯罪团伙，实施电信网络诈骗犯罪行为，犯罪嫌疑人、被告人及所在犯罪集团、犯罪团伙的犯罪数额均难以查证，但犯罪嫌疑人、被告人一年内出境赴境外犯罪窝点累计时间30日以上或者多次出境赴境外犯罪窝点的，应当认定为刑法第二百六十六条规定的“其他严重情节”，以诈骗罪依法追究刑事责任。但有证据证实其出境从事正当活动的除外。

8. 本意见第7条规定的“犯罪窝点”，是指实施电信网络诈骗犯罪活动的作案场所。对于为招募电信网络诈骗犯罪团伙而建设，或者入驻的主要是电信网络诈骗犯罪团伙的整栋建筑物、企业园区、产业园区、开发区等，可以认定为“犯罪窝点”。

“一年内出境赴境外犯罪窝点累计时间30日以上”，应当从犯罪嫌疑人、被告人实际加入境外犯罪窝点的时间起算。犯罪嫌疑人、被告人实际加入境外犯罪窝点的确切时间难以查证，但能够查明其系非法出境的，可以以出境时间起算，合理路途时间应当扣除。确因客观条件限制无法查明出境时间的，可以结合犯罪嫌疑人、被告人的行踪轨迹等最后出现在国（边）境附近的时间，扣除合理路途时间后综合认定。合理路途时间可以参照乘坐公共交通工具所需时间认定。犯罪嫌疑人、被告人就路途时间提出合理辩解并经查证属实的，应当予以采信。

9. 认定犯罪嫌疑人、被告人实施偷越国（边）境行为，可以根据其出入境证件、出入境记录、行踪轨迹、移交接收人员证明等，结合犯罪嫌疑人、被告人供述综合认定。

犯罪嫌疑人、被告人以旅游、探亲、求学、务工、经商等为由申领出入境证件，但出境后即前往电信网络诈骗、敲诈勒索等犯罪窝点的，属于《最高人民法院 最高人民检察院关于办理妨害国（边）境管理刑事案件应用法律若干问题的解释》第六条第（四）项规定的使用以虚假的出入境事由骗取的出入境证件出入国（边）境情形，应当认定为偷越国（边）境行为。

10. 具有下列情形之一的，应当认定为《最高人民法院 最高人民检察院关于办理妨害国（边）境管理刑事案件应用法律若干问题的解释》第五条第（二）项规定的“结伙”：

（1）犯罪嫌疑人、被告人就偷越国（边）境的路线、交通方式、中途驻留地点、规避检查方式等进行商议或者以实际行为相互帮助的；

（2）犯罪嫌疑人、被告人之间代为支付交通、住宿等偷越国（边）境过程中产生的相关费用的；

（3）有犯罪嫌疑人、被告人负责与组织、运送偷越国（边）境的犯罪团伙或者个人联系，并带领其他人员一起偷越国（边）境的。

11. 能够查明被害人的身份，但确因客观条件限制无法当面询问的，可由两名以上办案人员通过视频等远程方式询问，并当场制作笔录，经被害人核对无误后，办案人员逐页签名确认，并注明与询问内容一致。询问、核对笔录、签名过程应当全程同步录音录像。询问过程有翻译人员参加的，翻译人员应当在询问笔录上逐页签名确认。

12. 犯罪嫌疑人、被告人辩解在境外受胁迫实施电信网络诈骗、敲诈勒索等犯罪活动的，应当对其提供的线索或者材料进行调查核实，综合认定其是否属于刑法第二十八条规定的“被胁迫参加犯罪”。

犯罪嫌疑人、被告人在境外实施电信网络诈骗、敲诈勒索等犯罪活动期间，能够与外界保持自由联络，或者被胁迫后又积极主动实施犯罪的，一般不认定为胁从犯。

13. 实施跨境电信网络诈骗、敲诈勒索等犯罪的人员，主动或者经亲友劝说后回国投案，并如实供述自己罪行的，应当认定为自首，依法可以从轻或者减轻处罚。其中，犯罪较轻的，可以免除处罚。

14. 犯罪嫌疑人、被告人在境外实施电信网络诈骗、敲诈勒索等犯罪，犯罪情节轻微，依照法律规定不起诉或者免予刑事处罚的，由主管部门依法予以行政处罚。

## 三、全面加强追赃挽损

15. 公安机关、人民检察院、人民法院应当全面调查、审查跨境电信网络诈骗、敲诈勒索等犯罪集团、犯罪团伙及其成员的财产状况，依法及时查询、查封、扣押、冻结涉案账户资金、房产、车辆、贵金属等涉案财物。对于依法查封、扣押、冻结的涉案财物，公安机关应当全面收集证明其来源、性质、权属、价值，以及是否应予追缴、没收或者责令退赔等证据材料，并在移送审查起诉时随案移送。人民检察院应当对涉案财物的证据材料进行审查，在提起公诉时提出处理意见。人民法院应当在判决书中对涉案财物作出处理。

16. 犯罪嫌疑人、被告人逃匿境外的电信网络诈骗犯罪案件，犯罪嫌疑人、被告人在通缉一年后不能到案，或者犯罪嫌疑人、被告人死亡的，应当依照法定程序没收其违法所得及其他涉案财产。

# 《最高人民法院　最高人民检察院　公安部关于办理跨境电信网络诈骗等刑事案件适用法律若干问题的意见》的理解与适用

张建忠　侯若英　杨　丽*

近日，最高人民法院、最高人民检察院、公安部联合印发《关于办理跨境电信网络诈骗等刑事案件适用法律若干问题的意见》（以下简称《意见》）。为便于执法司法实践中准确理解、适用，现就《意见》解读如下。

## 一、《意见》的制定背景和主要考虑

当前，跨境电信网络诈骗及关联犯罪形势复杂，司法办案面临严峻挑战，出现诸多新情况新问题，亟须予以规制。一是犯罪组织呈现新形态。境外地区大量出现专门为电信网络诈骗等犯罪活动提供犯罪场所的“科技园”“工业园”“开发区”等，犯罪集团通过开设园区、招募犯罪人员、为犯罪活动提供犯罪场所、条件保障、武装庇护、人员管理等方式，对在园区内实施诈骗等犯罪的团伙和人员进行管理控制，通过分成或收费的方式获取赃款，逐步形成较为稳定的大型犯罪组织。二是跨境电信网络诈骗及其衍生犯罪呈现新特点。犯罪集团及

* 张建忠，最高人民检察院经济犯罪检察厅副厅长；侯若英，最高人民检察院经济犯罪检察厅主办检察官；杨丽，最高人民检察院经济犯罪检察厅检察官。

团伙除针对我国境内居民实施电信网络诈骗外，有的还对境外其他地区居民实施电信网络诈骗活动；有的团伙混合实施敲诈勒索等犯罪活动；部分园区在管理控制成员的过程中肆意实施故意杀人、故意伤害、非法拘禁、组织卖淫、强奸等犯罪行为；有境内人员受到境外犯罪组织招募或诱惑，偷越国（边）境参加犯罪活动，社会危害极其严重。三是查明犯罪事实难度加大。近年来，电信网络诈骗黑灰产不断发展演变，各类逃避侦查手段持续升级，境外犯罪集团及其参加人员的犯罪事实查证难度增加。偷越国（边）境活动更为组织化、隐蔽化，大量人员“心照不宣”共同偷越国（边）境，预谋过程、出境目的等难以查证。相关犯罪嫌疑人多辩解出国务工、旅游，或被胁迫实施诈骗，查实或查否相关辩解难度较大。这些新特点新问题，给打击跨境电信网络诈骗等犯罪带来严峻挑战。为进一步加大对跨境电信网络诈骗等犯罪的打击治理力度，积极回应社会关切和司法实践需要，最高法、最高检、公安部经深入调查研究、反复讨论修改，并征求全国人大常委会法制工作委员会意见，制定本《意见》。

## 二、《意见》起草的总体思路

### （一）总体思路

《意见》起草过程中，坚持以下总体思路：一是坚持总体从严，彰显严惩立场。从定罪量刑、法律适用、政策把握、财产处置等各方面全面落实从严惩治要求，释放依法严惩的强烈信号，形成有力震慑效应。二是坚持问题导向，解决实践需求。围绕犯罪集团、犯罪数额、胁从犯等争议较大问题的认定及该类案件证据收集审查判断、刑事政策把握等，有针对性地提出解决方案，为打击治理犯罪提供法律支撑。三是坚持严格依法，确保不枉不纵。依法区分罪与非罪界限，全面准确贯彻宽严相济刑事政策，突出打击治理重点，依法分类分层处理，进一步提升该类案件办理质效。四是坚持综合治理，注重追赃挽损。在运用刑罚手段惩治电信网络诈骗等犯罪的同时，注重非刑罚手段的运用，强调行刑衔接要求；注重涉案财物的调查、认定和处置，积极追赃挽损，对电信网络诈骗集团及其成员“打财断血”，铲除其再犯的经济基础。

（二）《意见》与其他法律法规和规范性文件的关系

执行《意见》过程中，要注意把握以下几个方面问题：一是《意见》是对刑法、刑事诉讼法和有关司法解释相关规定的进一步明确，对《意见》发布以前尚未处理的跨境电信网络诈骗等犯罪案件，无论犯罪事实发生在《意见》发布前还是发布后，均可适用《意见》规定。二是《意见》仅适用于办理跨境电信网络诈骗等犯罪案件，注意防止将相关规则扩大适用至境内电信网络诈骗等犯罪案件。三是《意见》内容与此前发布的最高法、最高检、公安部《关于办理电信网络诈骗等刑事案件适用法律若干问题的意见（二）》等规范性文件不一致的，如案件属于跨境电信网络诈骗等犯罪案件，适用本《意见》。四是《意见》未明确的法律适用问题，本着科学“立法”、避免重复的精神，仍适用此前发布的办理电信网络诈骗犯罪案件相关规范性文件。

## 三、《意见》的主要内容

《意见》共三部分 16 条，分别规定了办理跨境电信网络诈骗等刑事案件的总体要求、法律适用、程序规定等内容。主要可以归纳为以下十个方面问题。

（一）办理跨境电信网络诈骗等刑事案件的总体要求

《意见》第 1 条至第 3 条规定了办理跨境电信网络诈骗等刑事案件

的总体要求。重点从以下三个方面予以把握：一是突出惩治重点。聚焦跨境电信网络诈骗等犯罪关键环节、重点人员，突出打击治理质效，明确四类重点惩治对象，即犯罪集团及其组织者、策划者、指挥者和骨干成员；为跨境电信网络诈骗等犯罪活动提供庇护的组织；犯罪集团实施的故意杀人、故意伤害、绑架、强奸、强迫卖淫、非法拘禁等犯罪行为；为跨境电信网络诈骗等犯罪集团招募成员而实施的组织、运送他人偷越国（边）境犯罪行为。二是严格依法办案。《意见》进一步强调坚持以证据为中心、全面贯彻证据裁判原则，坚守法律底线；强调严禁刑讯逼供和以威胁、引诱、欺骗等非法手段收集证据，充分保障犯罪嫌疑人、被告人诉讼权利。三是全面准确贯彻宽严相济刑事政策。办理跨境电信网络诈骗等犯罪案件，既强调总体从严，从强制措施适用、起诉裁量、自由刑、财产刑等方面提出严的要求；又强调宽以济严，对确有自首、立功、从犯、胁从犯等从轻、减轻情节的人员，以及未成年人等特殊群体，依法从宽处理。办案中，要注意把握“总体从严”但并非“一律从严”，注意对涉案人员的分类分层处理，做到区别对待、宽严并用、罚当其罪。

（二）关于犯罪集团的认定

《意见》第4条规定了管理控制型犯罪集团的认定问题。当前跨境电信网络诈骗等犯罪组织呈现新形态，以“工业园”“科技园”为幌子组织化、规模化实施犯罪。这些犯罪组织的主要成员往往并不直接实施诈骗等犯罪活动，而是通过招募犯罪团伙或成员到其管理控制的园区、建筑物等场所实施犯罪，向实施犯罪的团伙或成员颁发许可证或实施登记管理，要求有关人员未经同意不得进出有关场所，或者派驻武装安保人员对实施电信网络诈骗等犯罪的场所进行看守庇护，甚至对不服从管理或擅自脱离犯罪窝点的团伙成员进行殴打体罚等。这些犯罪组织获利方式多样，有的按照诈骗等犯罪数额进行抽成，有的按照具体犯罪组织人数收取“人头费”，有的按照犯罪场所收取“场地费”，有的混用多种收费标准。对于通过提供犯罪场所、条件保障、武装庇护、人员管理等方式管理控制犯罪团伙实施跨境电信网络诈骗、敲诈勒索等犯罪活动，抽成分红或收取相关费用，有明确的组织者、领导者，骨干成员基本固定，符合《刑法》第26条第2款规定的，应当认定为犯罪集团。

跨境犯罪集团往往底层人员先行到案，而组织者、领导者、“金主”、骨干分子等难以及时归案。为确保对犯罪集团、犯罪团伙的惩治力度，避免诉讼进程过于迟延，《意见》明确对于组织者、领导者未到案或者因死亡等法定情形未被追究刑事责任，但是根据到案人员的供述和其他证据，能够证实犯罪集团组织架构及相关犯罪事实的，不影响犯罪集团的认定。

（三）关于犯罪数额的认定

司法实践中，办案人员普遍反映跨境电信网络诈骗、敲诈勒索犯罪数额认定困难。为此，《意见》第5条规定了两种犯罪数额的认定方法。一种是无法查明被害人时相关犯罪数额的认定。在传统侵财犯罪案件中，被害人陈述通常是认定犯罪事实不可或缺的证据。但在跨境电信网络诈骗、敲诈勒索犯罪案件中，犯罪集团成员众多、层次复杂、分工细化，在部分案件中虽能够通过账户交易记录、通讯群组聊天记录等证据判定犯罪集团存在诈骗、敲诈勒索行为及犯罪集团总体犯罪数额，但无法具体查明对应的被害人及其被骗或者被敲诈勒索的财产数额。对此类情况，如侦查机关穷尽侦查措施，案件已不具备进一步侦查取证条件，确实无法查明被害人的，司法机关可以依据账户交易记录、通讯群组聊天记录等客观证据，结合犯罪嫌疑人、被告人供述，综合认定犯罪集团的犯罪数额。另一种是以管理控制型犯罪集团所收取费用进行折算。在部分跨境电信网络诈骗、敲诈勒索犯罪案件中，无法根据传统侦查方式或者《意见》第 5 条第 1 款规定认定犯罪集团或犯罪团伙的犯罪数额，但能够通过犯罪嫌疑人、被告人供述或者其他客观证据等，查明管理控制型犯罪集团抽成分红、收取费用的方式、数额。在此种情况下，对于能够根据管理控制型犯罪集团抽成分红、收取费用方式、数额折算出诈骗、敲诈勒索的犯罪数额的，可以根据折算出的数额认定犯罪数额；对于无法依据抽成分红、收取费用进行折算的，考虑到诈骗、敲诈勒索犯罪团伙犯罪数额必然多于管理控制型诈骗集团抽成分红或收取的费用，可以将抽成分红或者收取费用的数额认定为犯罪数额。对能够查实犯罪集团或犯罪团伙部分犯罪数额，同时查实抽成分红或收取费用数额的，依照认定犯罪数额较大的方式就高予以认定。

（四）关于刑事责任的认定

《意见》第 6 条规定了犯罪集团或犯罪团伙的犯罪数额已经查证，但因客观条件限制无法查明犯罪嫌疑人、被告人具体犯罪数额的情况下，犯罪嫌疑人、被告人的责任追究问题。如前所述，在跨境电信网络诈骗或敲诈勒索等犯罪中，犯罪数额往往难以认定。部分案件中，虽然能够查实犯罪集团实施诈骗、敲诈勒索行为的被害人及犯罪数额，但无法查明对应的犯罪嫌疑人、被告人及其诈骗或者敲诈勒索的具体数额。此种情形下，按照传统诈骗犯罪先认定犯罪嫌疑人、被告人犯罪数额，再确定刑事责任的思路难以实现。对此，可以按照“部分行为全部责任”原则，在已查明犯罪集团犯罪数额的情况下，即使未查清各犯罪嫌疑人、被告人具体参与的犯罪数额，也可以综合考虑犯罪嫌疑人、被告人在犯罪集团、犯罪团伙中的地位作用、参与犯罪时长、与犯罪事实的关联程度，以及主观恶性、人身危险性等因素，确定其所应承担的刑事责任。需要注意的是，量刑时要充分考虑犯罪集团成员之间的量刑均衡，防止出现单纯根据犯罪集团的犯罪数额来确定刑事责任导致量刑畸重的问题，做到罪责刑相一致。

（五）以情节认定构成诈骗罪

1. 关于以情节认定诈骗罪。“两高一部”《关于办理电信网络诈骗等刑事案件适用法律若干问题的意见（二）》第 3 条规定对参加境外诈骗犯罪集团或犯罪团伙的犯罪嫌疑人、被告人可以“以情节定罪”，较好地解决了跨境电信网络诈骗犯罪取证难、认定难问题。但由于该条文将诈骗对象限定为“境内居民”，部分犯罪嫌疑人、被告人参加境外诈骗集团或犯罪团伙，在境外针对境外居民实施电信网络诈骗，难以查实具体被害人和诈骗数额时无法认定为犯罪。考虑到电信网络诈骗是国际社会公认的多发高发网络犯罪，世界各国已形成打击治理共识；我国公民潜逃境外，专门实施针对境外居民的电信网络诈骗严重损害我国国际形象，具有严重社会危害性，应当依据《刑法》第 7 条的规定，依法追究其刑事责任。为此,《意见》第 7 条在“两高一部”《关于办理电信网络诈骗等刑事案件适用法律若干问题的意见（二）》第 3 条基础上进一步予以完善，明确犯罪嫌疑人、被告人参加境外诈骗犯罪集团或犯罪团伙，实施电信网络诈骗犯罪行为，犯罪嫌疑人、被告人及所在犯罪集团、犯罪团伙的犯罪数额均难以查证，但犯罪嫌疑人、被告人一年内出境赴境外犯罪窝点累计时间 30 日以上或者多次出境赴境外犯罪窝点的，应当认定构成诈骗罪。在适用该条款时，还应注意把握：一是办案中侦查机关应当首先尽力查明犯罪嫌疑人、被告人及其所在犯罪集团、犯罪团伙的诈骗犯罪数额，在穷尽侦查手段后确实无法查明犯罪数额的情况下，方可适用该条款规定。实践中应当防止怠于侦查犯罪数额，径行适用该条款的情况。二是对于诈骗集团、诈骗团伙中的一般参加者适用该条款认定构成诈骗罪的，应综合考虑其在诈骗集团、诈骗团伙中的地位作用和犯罪情节，对于具有自首、立功、从犯等量刑情节的，依法从轻、减轻处罚，做到罪责刑相适应。

2. 关于“犯罪窝点”的认定。《意见》第 8 条第 1 款明确，“犯罪窝点”是指实施电信网络诈骗犯罪活动的作案场所。同时，考虑到境外“犯罪窝点”一般难以查实某处住宅、某处房间等较为具体的地址，《意见》进一步明确，对于为招募电信网络诈骗犯罪团伙而建设，或者入驻的主要是电信网络诈骗犯罪团伙的整栋建筑物、企业园区、产业园区、开发区等，可以认定为“犯罪窝点”。

3. 关于“一年内出境赴境外犯罪窝点累计时间 30 日以上”的认定。《意见》第 8 条第 2 款明确，“30 日”以犯罪嫌疑人、被告人实际加入境外诈骗犯罪窝点的时间起算。实践中犯罪嫌疑人、被告人进入、离开犯罪窝点的时间，与其出境、入境时间有一定差距，不宜直接以其出境、入境时间认定其在犯罪窝点的时间，而应当尽量查明其实际加入境外犯罪窝点的确切时间。同时，大部分犯罪嫌疑人、被告人是以偷越国（边）境的方式出境，有的在与“蛇头”见面后即上交手机等通讯工具，有的是以翻越边境物理隔离带的方式出境，离境时间、进入犯罪窝点时间缺少客观证据证明，实际加入境外犯罪窝点的时间难以查证。对此，该款还规定，进入犯罪窝点的时间可以采用推定方式认定，即可以出境时间作为进入犯罪窝点时间，但是应当扣除合理路途时间；对于出境时间也无法准确查明的，可以其行踪轨迹等最后出现在国（边）境附近的时间，扣除合理路途时间后综合认定。该款同时规定，对于犯罪嫌疑人、被告人就路途时间提出合理辩解并经查证属实的，应当予以采信。实践中，办案机关应当尽量查明犯罪嫌疑人、被告人在犯罪窝点停留的准确时间，避免不当扩大打击范围。

4. 关于准确认定犯罪嫌疑人、被告人辩解。以“一年内出境赴境外犯罪窝点累计时间 30 日以上或者多次出境赴境外犯罪窝点”认定构成诈骗罪，本质上是一种法律推定，对适用推定方式认定的事实应允许犯罪嫌疑人、被告人提供相反证据予以反证。犯罪嫌疑人、被告人提出辩解的，侦查机关应当核实其辩解的真实性。犯罪嫌疑人、被告人如辩解不构成诈骗罪，并提供相关证据证明其在境外从事正当活动，该辩解达到足以形成合理怀疑的程度，应按照有利于犯罪嫌疑人、被告人的原则，认定其不构成诈骗罪。反之，如果犯罪嫌疑人、被告人未向侦查机关提供可供查证的线索或证据，侦查机关无从查证，且其辩解不足以使司法人员形成合理怀疑的，该辩解一般不影响诈骗罪的认定。

（六）关于偷越国（边）境罪的认定

司法实践中，犯罪嫌疑人、被告人往往采取偷越国（边）境的方式赴境外实施电信网络诈骗等犯罪活动，依法打击偷越国（边）境行为是打击治理跨境电信网络诈骗等犯罪的必然要求。《意见》第 9 条、第 10 条对偷越国（边）境罪的认定作了进一步明确。

1. 对偷越国（边）境行为的综合认定。可以根据犯罪嫌疑人、被告人出入境证件、出入境记录、行踪轨迹、移交接收人员证明等，结合其供述，综合认定其是否具有偷越国（边）境的行为。强调“综合认定”，主要是考虑犯罪嫌疑人、被告人出境方式各异，在案证据各有不同，需针对不同人员的不同出境方式，结合全案证据综合分析判断。

2. 以“合法出境”形式偷越国（边）境行为的认定。实践中以旅游、探亲、求学、务工、经商等正当理由申领出入境证件，出境后在他人引诱或者其他情况下进入电信网络诈骗等犯罪窝点的情形大量存在。对此，不宜简单以犯罪嫌疑人、被告人出现在犯罪窝点即认定属于最高法、最高检《关于办理妨害国（边）境管理刑事案件应用法律若干问题的解释》第6条第4项规定的使用以虚假的出入境事由骗取的出入境证件出入国（边）境情形，而应当对犯罪嫌疑人、被告人"合法出境"的行为作具体分析。对于以旅游、探亲、求学、务工、经商等正当理由申领出入境证件，但出境后立即前往犯罪窝点的，可以根据其异常行为推定其出境目的的虚假性，认定其行为属于偷越国（边）境行为。对于以正当理由申领出入境证件并出境，出境后确实从事了正当活动，后又前往电信网络诈骗等犯罪窝点的，不宜认定为偷越国（边）境行为。

3. 对"三人以上结伙偷越国（边）境"的认定。"两高"《关于办理妨害国（边）境管理刑事案件应用法律若干问题的解释》将"三人以上结伙偷越国（边）境"规定为偷越国（边）境罪中"情节严重"的情形之一。最高法、最高检、公安部、国家移民管理局《关于依法惩治妨害国（边）境管理违法犯罪的意见》进一步规定，偷越国（边）境人员相互配合，共同偷越国（边）境的，属于"结伙"；同时明确，偷越国（边）境人员在组织者、运送者安排下偶然同行的，不属于"结伙"。实践中，对何为"相互配合，共同偷越国（边）境"，存在争议。有鉴于此，《意见》在总结各地办案经验的基础上，规定三种情形可以认定为"结伙"：一是犯罪嫌疑人、被告人就偷越国（边）境的路线、交通方式、中途驻留地点、规避检查方式等进行商议或者以实际行为相互帮助的；二是犯罪嫌疑人、被告人之间代为支付交通、住宿等偷越国（边）境过程中产生的相关费用的；三是有犯罪嫌疑人、被告人负责与组织、运送偷越国（边）境的犯罪团伙或者个人联系，并带领其他人员一起偷越国（边）境的。司法实践中，要注意区分偷越国（边）境罪中的牵头、带领行为与组织他人偷越国（边）境罪中的组织行为：多次牵头、带领他人偷越国（边）境，与组织偷越国（边）境犯罪团伙形成长期稳定配合关系的，一般认定为组织他人偷越国（边）境罪的共犯；偶然一次在偷越国（边）境过程中起到牵头、带领作用的，一般以偷越国（边）境罪认定。

（七）关于被害人取证问题

在办理跨境电信网络诈骗等犯罪案件时，有的办案机关能够通过电子数据等证据获取被害人联系方式，但是询问被害人存在客观困难，如被害人数量众多、分布广泛，或被害人所在地与办案机关所在地距离遥远、交通不便，如果要求办案机关对被害人当面逐一询问，既给被害人带来额外负担，也需要耗费较高司法成本。鉴于此，《意见》第11条规定，对于确因客观条件限制无法当面询问的，可以通过视频等远程方式询问，并对询问程序要求作了规范。

（八）关于胁从犯、自首等法定量刑情节的认定

《意见》第12条、第13条对跨境电信网络诈骗等犯罪中胁从犯、自首的认定问题予以规定。

1. 关于胁从犯的认定。《刑法》第28条规定，对于被胁迫参加犯罪的，应当按照他的犯罪情节减轻处罚或者免除处罚。实践中，境外“回流”人员往往会提出辩解，称遭受他人胁迫而从事诈骗等犯罪活动。从既往案件看，有的境外“回流”人员确系被犯罪窝点管理人员殴打、体罚，逼迫从事诈骗等犯罪活动；但也有的系积极主动实施诈骗，但因违反犯罪窝点管理规定、未能完成有关诈骗“任务”等被殴打、体罚。办理此类案件时，要注意准确甄别判断：一是犯罪嫌疑人、

被告人辩解系被胁迫的，司法机关可要求其提供相关线索或材料。犯罪嫌疑人、被告人仅提出辩解，无法提供相关线索或材料，司法机关亦未发现其可能被胁迫参与犯罪线索的，可以依法不予认定；犯罪嫌疑人、被告人提出辩解，并提供相关线索或材料的，司法机关应当予以调查核实；犯罪嫌疑人、被告人未提出辩解，司法机关发现其存在被胁迫参与犯罪的线索，经查证属实的，应当依法认定。二是对胁从犯的认定应采用综合判断标准，即根据查证情况，综合考虑其被胁迫的时间、程度、现实紧迫性、胁迫对象自身情况等因素，判断其是否构成胁从犯。如根据犯罪嫌疑人、被告人实施犯罪行为时的客观情况，可以判定其受到精神强制，处于极度恐惧状态，为免受人身侵害而参与犯罪的，可以认定为胁从犯。三是规定了一般不认定为胁从犯的情形。对于犯罪嫌疑人、被告人虽然辩解其遭受他人胁迫实施诈骗等犯罪，但能够与外界保持自由联络，或者进入犯罪窝点初期虽遭受胁迫，但是后期积极主动实施诈骗等犯罪活动的，一般不认定为胁从犯。

2. 关于自首的认定。为解决取证难、抓捕难、定罪量刑难等问题，实践中，鼓励运用政策感召、亲情感化等方式打消境外涉案人员思想顾虑，鼓励其主动回国投案自首，以进一步分化瓦解跨境电信网络诈骗等犯罪集团，提升打击治理质效。为此，《意见》进一步明确“主动回国”“经亲友劝说后回国”两种情形均可认定为“主动投案”，如实供述自己罪行的，应当认定为自首，依法可以从轻或者减轻处罚，对于犯罪较轻的，可以免除处罚。办案中，对境外遣返“回流”人员，要注意甄别其是否系“主动投案”。对于主动在境外有关部门登记要求回国投案，或者在回国投案前向境内有关部门登记备案的，可以认定为“主动投案”。犯罪嫌疑人、被告人虽系“主动投案”，但回国后拒不如实供述主要犯罪事实，避重就轻、推卸责任的，依法不认定为自首。

（九）关于行刑衔接

反电信网络诈骗法等法律法规规定了实施电信网络诈骗活动的刑事责任、行政责任和民事责任，并对行政处罚标准予以明确。《意见》第14条规定了对尚不构成犯罪人员的行政处罚，强调行刑共治、宽严并用。对于犯罪情节轻微，依法不需要判处刑罚或者可以免除刑罚的，可由检察机关作出相对不起诉决定或由法院免予刑事处罚，并移送公安机关等作出行政处罚。司法机关要注意做好行刑衔接工作，特别是行刑反向衔接工作，切实防止"不刑不罚"。

（十）关于追赃挽损

在跨境电信网络诈骗等犯罪案件中，积极开展追赃挽损工作，关乎对人民群众财产权的保护，也是从严惩治犯罪、"打财断血"、铲除犯罪分子再犯经济基础的必然要求。《意见》第15条、第16条对跨境电信网络诈骗等犯罪中的追赃挽损工作予以规范。

1. 全面落实追赃挽损工作职责。一方面，强调各办案机关应高度重视追赃挽损工作。办案机关应当全面调查、审查跨境电信网络诈骗、敲诈勒索犯罪集团、犯罪团伙及其成员的财产状况，依法及时查询、查封、扣押、冻结涉案账户资金、房产、车辆、贵金属等涉案财物，将追赃挽损工作贯穿刑事诉讼全过程各环节。另一方面，对各部门在追赃挽损工作中承担的具体责任予以明确。公安机关应当全面收集证明涉案财物的证据材料；检察机关应当对涉案财物的证据材料进行全面审查，在提起公诉时提出处理意见；法院应当在判决书中对涉案财物作出处理，强调分工协作、各负其责。对于犯罪集团"金主"、高层管理人员虽未到案，但根据案件证据情况，可以查明其犯罪所得及收益流入境内，并由相关境内人员协助转移的，办案机关应当认真甄别资产性质，及时查封、扣押、冻结相关涉案财物，积极挽回被害人财产损失；同时以诈骗罪共犯或掩饰、隐瞒犯罪所得、犯罪所得收益罪依法追究境内协助转移资金人员的刑事责任。

2. 充分运用违法所得没收程序。根据刑事诉讼法，最高法、最高检《关于适用犯罪嫌疑人、被告人逃匿、死亡案件违法所得没收程序若干问题的规定》，最高法《关于适用〈中华人民共和国刑事诉讼法〉的解释》，电信网络诈骗犯罪案件可以适用违法所得没收程序。司法实践中，违法所得没收程序在职务犯罪领域应用较多，在电信网络诈骗犯罪案件中适用还有较大探索空间。考虑到当前跨境电信网络诈骗犯罪案件中，幕后"金主"、其他组织者、领导者往往逃匿于境外，难以抓获归案，为更有效开展追赃挽损工作，对犯罪嫌疑人、被告人逃匿于境外的电信网络诈骗犯罪案件，犯罪嫌疑人、被告人被通缉一年后不能到案，或者犯罪嫌疑人、被告人死亡的，引导各地办案机关积极适用违法所得没收程序，依法追缴犯罪嫌疑人、被告人违法所得及其他涉案财产。

# 最高人民法院　最高人民检察院　公安部　国家安全部　司法部关于印发《办理刑事案件庭前会议规程》和《办理刑事案件排除非法证据规程》的通知

（法发〔2024〕12号）

各省、自治区、直辖市高级人民法院、人民检察院、公安厅（局）、国家安全厅（局）、司法厅（局），解放军军事法院、军事检察院，新疆维吾尔自治区高级人民法院生产建设兵团分院、新疆生产建设兵团人民检察院、公安局、国家安全局、司法局：

为全面贯彻习近平法治思想，深入推进以审判为中心的刑事诉讼制度改革，严格规范庭前会议程序和排除非法证据程序，最高人民法院、最高人民检察院、公安部、国家安全部、司法部在《人民法院办理刑事案件庭前会议规程（试行）》和《人民法院办理刑事案件排除非法证据规程（试行）》的基础上，制定了《办理刑事案件庭前会议规程》和《办理刑事案件排除非法证据规程》。现予以印发，请结合实际认真贯彻执行。在执行中遇到的新情况、新问题，请及时层报中央主管部门。

最高人民法院　最高人民检察院

公安部　国家安全部　司法部

2024年7月25日

# 最高人民法院　最高人民检察院<br>公安部　国家安全部　司法部<br>办理刑事案件庭前会议规程

为贯彻落实最高人民法院、最高人民检察院、公安部、国家安全部、司法部《关于推进以审判为中心的刑事诉讼制度改革的意见》，规范庭前会议程序，提高庭审质量和效率，根据法律规定，结合司法实际，制定本规程。

**第一条**　适用普通程序审理的刑事案件，具有下列情形之一，人民法院可以在开庭审理前召开庭前会议：

（一）证据材料较多、案情重大复杂的；

（二）控辩双方对事实、证据存在较大争议的；

（三）社会影响重大的；

（四）需要召开庭前会议的其他情形。

**第二条**　控辩双方可以申请人民法院召开庭前会议。申请召开庭前会议的，应当说明需要处理的事项及理由。人民法院经审查认为有必要的，应当决定召开庭前会议；决定不召开庭前会议的，应当告知申请人。

被告人及其辩护人在开庭审理前申请排除非法证据，并依照法律规定提供相关线索或者材料的，人民法院应当召开庭前会议。

**第三条**　庭前会议中，人民法院可以就与审判相关的问题了解情况，听取意见，依法处理管辖、回避、出庭证人名单、非法证据排除等可能导致庭审中断的事项，组织控辩双方展示证据，归纳争议焦点，开展附带民事调解。

**第四条** 庭前会议由审判长或者承办案件的审判员主持，合议庭其他审判员也可以主持庭前会议。

公诉人、辩护人应当参加庭前会议，检察官助理、律师助理可以协助。

根据案件情况，被告人可以参加庭前会议；被告人申请参加庭前会议或者申请排除非法证据等情形的，人民法院应当通知被告人到场；有多名被告人的案件，人民法院根据案件情况确定参加庭前会议的辩护人和被告人。

庭前会议中开展附带民事调解的，人民法院应当通知附带民事诉讼当事人及其法定代理人、诉讼代理人到场。

**第五条** 被告人不参加庭前会议的，辩护人一般应当在召开庭前会议前就庭前会议处理事项听取被告人意见。

**第六条** 庭前会议一般不公开进行。

根据案件情况，人民法院可以决定通过视频等方式召开庭前会议。

**第七条** 根据案件情况，庭前会议可以在开庭审理前多次召开；休庭后，可以在再次开庭前召开庭前会议。

**第八条** 庭前会议应当在法庭或者其他办案场所召开。被羁押的被告人参加的，可以在看守所内设置的法庭或者其他合适场所召开。

被羁押的被告人参加庭前会议的，应当有法警在场。

**第九条** 人民法院应当根据案件情况，综合控辩双方意见，确定庭前会议需要处理的主要事项，在召开庭前会议三日前，将会议的时间、地点、人员和事项等通知参会人员，并通知辩护人可以在召开庭前会议后三日内以书面形式提交辩护意见要点，人民法院收到书面辩护意见要点后及时将复印件送交人民检察院。通知情况应当记录在案。

**第十条** 庭前会议开始后，主持人应当核实参会人员情况，宣布庭前会议需要处理的事项。

有多名被告人参加庭前会议的，应当采取措施防止串供。

**第十一条** 庭前会议中，主持人可以就下列事项向控辩双方了解情况，听取意见：

（一）是否对案件管辖有异议；

（二）是否申请有关人员回避；

（三）是否申请不公开审理；

（四）是否申请排除非法证据；

（五）是否提供新的证据材料；

（六）是否申请重新鉴定或者勘验；

（七）是否申请调取在侦查、审查起诉期间公安机关、人民检察院收集但未随案移送的证明被告人无罪或者罪轻的证据材料；

（八）是否申请向证人或有关单位、个人收集、调取证据材料；

（九）是否申请证人、鉴定人、有专门知识的人、侦查人员或者其他人员出庭，是否对出庭人员名单有异议；

（十）是否对涉案财物的权属情况和人民检察院的处理建议有异议；

（十一）与审判相关的其他问题。

庭前会议中，人民法院可以开展附带民事调解。

对于第一款规定中可能导致庭审中断的事项，控辩双方应当就是否提出相关申请或者要求发表明确意见，人民法院可以依法作出处理，并在庭审中说明处理决定和理由。

**第十二条** 被告人及其辩护人对案件管辖提出异议，应当说明理由。人民法院经审查认为异议成立的，应当依法将案件退回人民检察院或者移送有管辖权的上一级人民法院审判；认为本院不宜行使管辖权的，可以请求上一级人民法院处理。人民法院经审查认为异议不成立的，应当依法驳回异议。

**第十三条** 被告人及其辩护人申请合议庭组成人员、法官助理、书记员、鉴定人、翻译人员回避，应当说明理由。人民法院经审查认为申请成立的，应当依法决定有关人员回避；认为申请不成立的，应当依法驳回申请。

被告人及其辩护人申请检察人员回避，属于刑事诉讼法第二十九条、第三十条规定情形的，人民检察院应当依法作出回避或者驳回申请的决定。

被告人及其辩护人申请回避被驳回的，可以在接到决定时申请复议一次。对于不属于刑事诉讼法第二十九条、第三十条规定情形的，人民法院应当驳回申请，被告人及其辩护人不得申请复议。

**第十四条** 控辩双方申请不公开审理，人民法院经审查认为案件涉及国家秘密或者个人隐私的，应当准许；认为案件涉及商业秘密的，可以准许。

**第十五条** 被告人及其辩护人在开庭审理前申请排除非法证据，并依照法律规定提供相关线索或者材料的，人民法院应当在召开庭前会议三日前将申请书及相关线索或者材料的复制件送交人民检察院。人民检察院应当在庭前会议中通过出示有关证据材料等方式，有针对性地对证据收集的合法性作出说明。人民法院可以对有关证据材料进行核实；经控辩双方申请，可以有针对性地播放讯问录音录像。必要时，可以通知侦查人员或者其他人员参加庭前会议，说明情况。

人民检察院可以撤回有关证据，撤回的证据，没有新的理由，不得在庭审中出示。被告人及其辩护人可以撤回排除非法证据的申请，撤回申请后，没有新的线索或者材料，不得再次对有关证据提出排除申请。

控辩双方在庭前会议中对证据收集的合法性未达成一致意见，人民法院对证据收集的合法性有疑问的，应当在庭审中进行调查；对证据收集的合法性没有疑问，且没有新的线索或者材料表明可能存在非法取证的，可以决定不再进行调查并说明理由。

**第十六条** 控辩双方申请重新鉴定或者勘验，应当说明理由。人民法院经审查认为有必要的，应当同意。

**第十七条** 被告人及其辩护人书面申请调取公安机关、人民检察院在侦查、审查起诉期间收集但未随案移送的证明被告人无罪或者罪轻的证据材料，并提供相关线索或者材料的，人民法院应当调取，并通知人民检察院在收到调取决定书后三日内移交。未移交的，人民检察院应当书面说明相关情况。

被告人及其辩护人申请向证人或有关单位、个人收集、调取证据材料，应当说明理由。人民法院经审查认为有关证据材料可能影响定罪量刑的，应当准许；认为有关证据材料与案件无关或者明显重复、没有必要的，可以不予准许。

**第十八条** 控辩双方申请证人、鉴定人、有专门知识的人、侦查人员出庭，应当说明理由。人民法院经审查认为理由成立的，应当通知有关人员出庭。

控辩双方对出庭证人、鉴定人、有专门知识的人、侦查人员的名单有异议，人民法院经审查认为异议成立的，应当依法作出处理；认为异议不成立的，应当依法驳回。

人民法院通知证人、鉴定人、有专门知识的人、侦查人员等出庭后，控辩双方应当协助有关人员到庭。

**第十九条** 召开庭前会议前，人民检察院应当将全部证据材料移送人民法院，被告人及其辩护人应当将收集的有关被告人不在犯罪现场、未达到刑事责任年龄、属于依法不负刑事责任的精神病人等证明被告人无罪或者依法不负刑事责任的全部证据材料提交人民法院。

人民法院收到控辩双方移送或者提交的证据材料后，应当通知对方查阅、摘抄、复制。

**第二十条** 庭前会议中，对于控辩双方决定在庭审中出示的证据，人民法院可以组织展示有关证据并由证据出示方简要说明证据证明内容，听取另一方的意见，梳理存在争议的证据。控辩双方不质证、不辩论。

对于控辩双方在庭前会议中没有争议的证据，庭审时举证、质证可以简化。

**第二十一条** 人民法院可以在庭前会议中听取控辩双方的意见，归纳控辩双方的争议焦点。对控辩双方没有争议或者达成一致意见的事项，可以在庭审中简化审理。

人民法院可以组织控辩双方协商确定庭审的举证顺序、方式等事项，明确法庭调查的方式和重点。协商不成的事项，由人民法院确定。

**第二十二条** 对于被告人在庭前会议前不认罪，在庭前会议中又认罪的案件，人民法院核实被告人认罪的自愿性和真实性并听取控辩双方意见，可以在庭审中简化审理。

**第二十三条** 人民法院在庭前会议中听取控辩双方对案件事实、证据的意见后，对于明显事实不清、证据不足的案件，可以建议人民检察院补充材料或者撤回起诉。建议撤回起诉的案件，人民检察院不同意的，开庭审理后，没有新的事实和理由，一般不准许撤回起诉。

**第二十四条** 庭前会议情况应当制作笔录，由参会人员核对后签名。

庭前会议结束后，人民法院应当制作庭前会议报告，说明庭前会议的基本情况、与审判相关的问题的处理结果、控辩双方的争议焦点以及就相关事项达成的一致意见等。

**第二十五条** 对于召开庭前会议的案件，在宣读起诉书后，法庭应当宣布庭前会议报告的主要内容。

对庭前会议处理管辖异议、申请回避、申请不公开审理等事项的，法庭可以在告知当事人诉讼权利后宣布庭前会议报告的相关内容。

有多起犯罪事实的案件，必要时可以在有关犯罪事实的法庭调查开始前，再次宣布庭前会议报告的相关内容。

**第二十六条** 宣布庭前会议报告后，对于控辩双方在庭前会议中达成一致意见以及人民法院依法作出处理决定的事项，法庭向控辩双方简要核实后当庭予以确认，除有正当理由外，一般不再进行处理；对于其他事项，法庭依法作出处理。

**第二十七条** 第二审人民法院召开庭前会议的，参照上述规定。

**第二十八条** 本规程自2024年9月3日起施行。《人民法院办理刑事案件庭前会议规程（试行）》同时废止。

# 最高人民法院　最高人民检察院<br>公安部　国家安全部　司法部<br>办理刑事案件排除非法证据规程

为贯彻落实最高人民法院、最高人民检察院、公安部、国家安全部、司法部《关于推进以审判为中心的刑事诉讼制度改革的意见》和

《关于办理刑事案件严格排除非法证据若干问题的规定》，规范排除非法证据程序，准确惩罚犯罪，切实保障人权，根据法律规定，结合司法实际，制定本规程。

**第一条** 采用下列非法方法收集的犯罪嫌疑人、被告人供述，应当予以排除：

（一）采用殴打、违法使用戒具等暴力方法或者变相肉刑的恶劣手段，使犯罪嫌疑人、被告人遭受难以忍受的痛苦而违背意愿作出的供述；

（二）采用以暴力或者严重损害本人及其近亲属合法权益等进行威胁的方法，使犯罪嫌疑人、被告人遭受难以忍受的痛苦而违背意愿作出的供述；

（三）采用非法拘禁等非法限制人身自由的方法收集的犯罪嫌疑人、被告人供述。

采用刑讯逼供方法使犯罪嫌疑人、被告人作出供述，之后犯罪嫌疑人、被告人受该刑讯逼供行为影响而作出的与该供述相同的重复性供述，应当一并排除，但下列情形除外：

（一）侦查期间，侦查机关根据控告、举报或者自己发现等，确认或者不能排除以非法方法收集证据而更换侦查人员，其他侦查人员再次讯问时告知诉讼权利和认罪的法律后果，犯罪嫌疑人、被告人自愿供述的；

（二）审查逮捕、审查起诉和审判期间，检察人员、审判人员讯问时告知诉讼权利和认罪的法律后果，犯罪嫌疑人、被告人自愿供述的。

**第二条** 采用暴力、威胁以及非法限制人身自由等非法方法收集的证人证言、被害人陈述，应当予以排除。

**第三条** 采用非法搜查、扣押等违反法定程序的方法收集物证、书证，可能严重影响司法公正的，应当予以补正或者作出合理解释；不能补正或者作出合理解释的，对该证据应当予以排除。

**第四条** 对于可能判处无期徒刑、死刑的案件或者其他重大案件，侦查机关在侦查终结前，应当书面通知人民检察院驻看守所检察人员开展讯问合法性核查。检察人员应当在侦查终结前询问犯罪嫌疑人，核查是否存在刑讯逼供等非法取证的情形，并全程同步录音录像。

**第五条** 人民检察院核查结束后，应当制作重大案件讯问合法性核查意见书，送达侦查机关。对于经核查确有或者不能排除刑讯逼供等非法取证情形的，应当通知侦查机关依法排除非法证据。侦查机关对存在刑讯逼供等非法取证情形没有异议，或者经复查认定确有刑讯逼供等非法取证情形的，应当及时依法排除非法证据，不得作为提请批准逮捕、移送审查起诉的根据，并制作排除非法证据结果告知书，将排除非法证据的情况依法告知人民检察院。重大案件讯问合法性核查意见书和被排除的非法证据应当随案移送，并写明为依法排除的非法证据。

**第六条** 人民检察院办理审查逮捕、审查起诉案件，发现侦查人员以非法方法收集证据的，应当及时调查核实；犯罪嫌疑人及其辩护人申请排除非法证据，并提供涉嫌非法取证的人员、时间、地点、方式和内容等线索或者材料的，人民检察院应当受理并进行审查。根据现有材料无法证明证据收集合法性的，应当及时进行调查核实。

人民检察院认为可能存在以刑讯逼供等非法方法收集证据情形的，可以书面要求侦查机关对证据收集的合法性作出说明。对确有以非法方法收集证据情形的，人民检察院应当依法向侦查机关提出纠正意见。

**第七条** 审查起诉期间，人民检察院经审查认为确有或者不能排除刑讯逼供、非法取证情形的，应当依法排除非法证据，不得作为提起公诉的依据。人民检察院可以要求侦查机关另行指派侦查人员重新取证，必要时也可以自行调查取证。

人民检察院应当随案移送被排除的非法证据，写明为依法排除的非法证据，并将讯问录音录像及相关案卷材料一并移送人民法院。

**第八条** 犯罪嫌疑人、被告人及其辩护人申请排除非法证据，应当提供相关线索或者材料。“线索”是指内容具体、指向明确的涉嫌非法取证的人员、时间、地点、方式等。“材料”是指能够反映非法取证的伤情照片、体检记录、医院病历、讯问笔录、讯问录音录像或者同监室人员的证言等。

**第九条** 人民法院向被告人及其辩护人送达起诉书副本时，应当告知其有权在开庭审理前申请排除非法证据并同时提供相关线索或者材料。上述情况应当记录在案。

**第十条** 被告人及其辩护人申请排除非法证据，应当在开庭审理前提出，但在庭审期间发现相关线索或者材料等情形除外。

被告人及其辩护人申请排除非法证据，应当向人民法院提交书面申请。被告人书写确有困难的，可以口头提出申请，但应当记录在案，并由被告人签名或者捺指印。

被告人申请排除非法证据，但没有辩护人的，人民法院应当通知法律援助机构指派律师为其提供辩护。

**第十一条** 被告人及其辩护人申请排除非法证据，且提供相关线索或者材料的，人民法院应当召开庭前会议，并在召开庭前会议三日前将申请书和相关线索或者材料的复制件送交人民检察院。

被告人及其辩护人申请排除非法证据，未提供相关线索或者材料的，人民法院应当告知其补充提交。被告人及其辩护人未补充的，人民法院对申请不予受理，并在开庭审理前告知被告人及其辩护人。上述情况应当记录在案。

被告人在人民检察院对讯问的合法性进行核查询问时，明确表示侦查阶段没有刑讯逼供等非法取证情形，在审判阶段又提出排除非法证据申请的，应当说明理由。人民法院经审查对证据收集的合法性没有疑问的，可以驳回申请。

**第十二条** 被告人申请排除非法证据的，人民法院应当通知被告人参加庭前会议。

**第十三条** 召开庭前会议前，承办案件的审判员应当阅卷，并对证据收集的合法性进行审查：

（一）被告人在侦查、审查起诉阶段是否提出排除非法证据申请；提出申请的，是否提供相关线索或者材料；

（二）侦查机关、人民检察院是否对证据收集的合法性进行调查核实；调查核实的，是否作出调查结论；

（三）对于重大案件，人民检察院驻看守所检察人员在侦查终结前是否核查讯问的合法性，是否对核查过程同步录音录像；进行核查的，是否制作重大案件讯问合法性核查意见书；

（四）对于人民检察院在审查逮捕、审查起诉阶段排除的非法证据，是否随案移送并写明为依法排除的非法证据。

人民法院对证据收集的合法性进行审查后，认为需要补充上述证据材料的，应当通知人民检察院在三日内补送。

**第十四条** 在庭前会议中，人民法院对证据收集的合法性进行审查的，一般按照以下步骤进行：

（一）被告人及其辩护人宣读排除非法证据的申请并提供相关线索或者材料；

（二）公诉人提供证明证据收集合法性的证据材料；

（三）控辩双方对证据收集的合法性发表意见；

（四）控辩双方对证据收集的合法性未达成一致意见的，审判人员归纳争议焦点。

**第十五条** 在庭前会议中，人民检察院应当通过出示有关证据材料等方式，有针对性地对证据收集的合法性作出说明。人民法院可以对有关材料进行核实，经控辩双方申请有针对性地播放讯问录音录像，必要时可以通知侦查人员或者其他人员参加庭前会议说明情况。

**第十六条** 在庭前会议中，人民检察院可以撤回有关证据。撤回的证据，没有新的理由，不得在庭审中出示。

被告人及其辩护人可以撤回排除非法证据的申请。撤回申请后，没有新的线索或者材料，不得再次对有关证据提出排除申请。

**第十七条** 控辩双方在庭前会议中对证据收集的合法性达成一致意见，但一方在庭审中反悔的，除有正当理由外，法庭一般不再进行审查。

控辩双方在庭前会议中对证据收集的合法性未达成一致意见，人民法院对证据收集的合法性有疑问的，应当在庭审中进行调查；对证据收集的合法性没有疑问，且没有新的线索或者材料表明可能存在非法取证的，可以不再决定进行调查并说明理由。

**第十八条** 审判人员应当在庭前会议报告中说明证据收集合法性的审查情况，主要包括控辩双方的争议焦点以及就相关事项达成的一致意见等内容。

**第十九条** 被告人及其辩护人在开庭审理前未申请排除非法证据，在庭审过程中提出申请的，应当说明理由。人民法院经审查，对证据收集的合法性有疑问的，应当进行调查；没有疑问的，应当驳回申请。

人民法院驳回排除非法证据的申请后，被告人及其辩护人没有新的线索或者材料，以相同理由再次提出申请的，人民法院不再审查。

**第二十条** 人民法院决定对证据收集的合法性进行法庭调查的，应当先行当庭调查。对于被申请排除的证据和其他犯罪事实没有关联等情形，为防止庭审过分迟延，可以先调查其他犯罪事实，再对证据收集的合法性进行调查。

在对证据收集合法性的法庭调查程序结束前，不得对有关证据出示、质证。

**第二十一条** 法庭决定对证据收集的合法性进行调查的，一般按照以下步骤进行：

（一）召开庭前会议的案件，法庭应当在宣读起诉书后，宣布庭前会议中对证据收集合法性的审查情况，以及控辩双方的争议焦点；

（二）被告人及其辩护人说明排除非法证据的申请及相关线索或者材料；

（三）公诉人出示证明证据收集合法性的证据材料，被告人及其辩护人可以对相关证据进行质证，经审判长准许，公诉人、辩护人可以向出庭的侦查人员或者其他人员发问；

（四）控辩双方对证据收集的合法性进行辩论。

**第二十二条** 证据收集合法性的举证责任由人民检察院承担。

公诉人对证据收集的合法性加以证明，可以出示讯问笔录、提讯登记、体检记录、采取强制措施或者侦查措施的法律文书、对讯问合法性的核查材料等证据材料，也可以针对被告人及其辩护人提出异议的讯问时段播放讯问录音录像，提请法庭通知有关侦查人员或者其他人员出庭说明情况。

在法庭审理过程中，公诉人发现当庭不能举证或者为提供新的证据需要补充侦查，建议延期审理的，法庭可以延期审理。

**第二十三条** 被告人及其辩护人可以出示相关线索或者材料，并申请法庭播放特定讯问时段的讯问录音录像。

被告人及其辩护人向人民法院申请调取侦查机关、人民检察院收集但未提交的讯问录音录像、体检记录等证据材料，人民法院经审查认为该证据材料与证据收集的合法性有关的，应当予以调取；认为与证据收集的合法性无关的，应当决定不予调取，并向被告人及其辩护人说明理由。

被告人及其辩护人申请人民法院通知侦查人员或者其他人员出庭说明情况，人民法院认为确有必要的，应当通知上述人员出庭，不得以签名并加盖公章的说明材料替代侦查人员出庭。

**第二十四条** 法庭对证据收集的合法性进行调查的，应当重视对讯问录音录像的审查，重点审查以下内容：

（一）讯问录音录像是否依法制作。对于可能判处无期徒刑、死刑的案件或者其他重大犯罪案件，是否对讯问过程进行录音录像；

（二）讯问录音录像是否完整。是否对每一次讯问过程录音录像，录音录像是否全程不间断进行，是否有选择性录制、剪接、删改等情形；

（三）讯问录音录像是否同步制作。录音录像是否自讯问开始时制作，至犯罪嫌疑人核对讯问笔录、签字确认后结束；讯问笔录记载的起止时间是否与讯问录音录像反映的起止时间一致；

（四）讯问录音录像与讯问笔录的内容是否存在差异。对与定罪量刑有关的内容，讯问笔录记载的内容与讯问录音录像是否存在实质性差异，存在实质性差异的，以讯问录音录像为准。

**第二十五条** 侦查人员或者其他人员出庭的，应当向法庭说明证据收集过程，并就相关情况接受控辩双方发问。对发问方式不当或者内容与证据收集的合法性无关的，法庭应当制止。

经人民法院通知，侦查人员不出庭说明情况，不能排除以非法方法收集证据情形的，对有关证据应当予以排除。

**第二十六条** 人民法院对控辩双方提供的证据来源、内容等有疑问的，可以告知控辩双方补充证据或者作出说明；必要时，可以宣布休庭，对证据进行调查核实。法庭调查核实证据，可以通知控辩双方到场，并将核实过程记录在案。

对于控辩双方补充的和法庭庭外调查核实取得的证据，未经当庭出示、质证等法庭调查程序查证属实，不得作为证明证据收集合法性的根据。但经庭外征求意见，控辩双方没有异议的除外。

**第二十七条** 经法庭审理，被告人供述具有下列情形之一的，应当予以排除：

（一）确认以本规程第一条规定的非法方法收集证据的；

（二）应当对讯问过程录音录像的案件没有提供讯问录音录像，或者讯问录音录像存在选择性录制、剪接、删改等情形，综合现有证据不能排除以非法方法收集证据的；

（三）侦查机关除紧急情况外没有在规定的办案场所讯问，综合现有证据不能排除以非法方法收集证据的；

（四）其他不能排除存在以非法方法收集证据的。

**第二十八条** 人民法院对证据收集的合法性进行调查后，应当当庭作出是否排除有关证据的决定。必要时可以宣布休庭，由合议庭评议或者提交审判委员会讨论，再次开庭时宣布决定。

依法予以排除的非法证据，不得出示、质证，不得作为定案的根据。

**第二十九条** 人民法院对证据收集合法性的审查、调查结论，应当在裁判文书中写明，并说明理由。

**第三十条** 人民检察院、被告人及其法定代理人提出抗诉、上诉，对第一审人民法院有关证据收集合法性的审查、调查结论提出异议的，第二审人民法院应当审查。

**第三十一条** 人民检察院应当在第一审程序中全面出示证明证据收集合法性的证据材料。

人民检察院在第一审程序中未出示证明证据收集合法性的证据材料，第一审人民法院依法排除有关证据的，人民检察院在第二审程序中不得出示之前未出示的证据材料，但在第一审程序后发现的除外。

**第三十二条** 被告人及其辩护人在第一审程序中未提出排除非法证据的申请，在第二审程序中提出申请，有下列情形之一的，第二审人民法院应当审查：

（一）第一审人民法院没有依法告知被告人申请排除非法证据的权利的；

（二）被告人及其辩护人在第一审庭审后发现涉嫌非法取证的相关线索或者材料的。

**第三十三条** 第一审人民法院对被告人及其辩护人排除非法证据的申请未予审查，并以有关证据作为定案的根据，可能影响公正审判的，第二审人民法院应当裁定撤销原判，发回原审人民法院重新审判。

**第三十四条** 第一审人民法院对依法应当排除的非法证据未予排除的，第二审人民法院可以依法排除非法证据。排除非法证据后，根据不同情形对案件依法作出处理。

**第三十五条** 人民法院对证人证言、被害人陈述等证据收集合法性的审查、调查程序，参照上述规定。

二审程序、审判监督程序、死刑复核程序中对证据收集合法性的审查、调查，参照上述规定。

**第三十六条** 本规程自2024年9月3日起施行。《人民法院办理刑事案件排除非法证据规程（试行）》同时废止。

# “两高三部”《办理刑事案件排除非法证据规程》重点内容解读

元　明　刘明超　蔡燕南*

2024年7月，最高人民法院、最高人民检察院、公安部、国家安全部、司法部共同印发了《办理刑事案件排除非法证据规程》（以下简称2024年《排非规程》），对近年来排除非法证据相关规范性文件进行梳理，明确排除非法证据的范围、规则及流程，为全面规范审前、庭前、庭审阶段司法机关排除非法证据提供了具体依据。现就2024年《排非规程》的相关重点内容解读如下。

## 一、制定背景

证据是认定事实的基础。保证定案证据的合法性是贯彻证据裁判原则、运用证据依法指控、追诉犯罪的基本前提，是确保侦查、审查起诉的案件事实证据经得起法律检验的根本保障。健全非法证据排除相关法律制度是中共中央全面推进依法治国部署下加强人权司法保障、保证公正司法、提高司法公信力的重要举措。近年来，中央陆续出台了一系列有关排除非法证据的规范性文件。2010年，“两高三部”印发《关于办理刑事案件排除非法证据若干问题的规定》（法发〔2010〕

* 元明，最高人民检察院重大犯罪检察厅厅长、一级高级检察官；刘明超，最高人民检察院重大犯罪检察厅主办检察官、二级高级检察官；蔡燕南，最高人民检察院重大犯罪检察厅三级高级检察官。

20号），标志着我国正式确立非法证据排除规则。2012年刑事诉讼法修改，吸纳了前述非法证据排除规定的主要内容，从立法层面正式确立非法证据排除规则，规范侦查取证，引导取证合法性。2017年，“两高三部”印发《关于办理刑事案件严格排除非法证据若干问题的规定》（法发〔2017〕15号，以下简称2017年《排非规定》），明确非法证据、违法取证的认定标准，从侦查、审查逮捕和审查起诉、辩护、审判四个阶段全面规范保障取证合法性、证明合法性相关程序及法律后果。同年，最高人民法院印发《人民法院办理刑事案件庭前会议规程（试行）》、《人民法院办理刑事案件排除非法证据规程（试行）》（以下简称2017年《法院排非规程》）和《人民法院办理刑事案件第一审普通程序法庭调查规程（试行）》。其中，2017年《法院排非规程》从落实以审判为中心、推进庭审实质化角度进一步优化法院排除非法证据程序。这些规范性文件内容在《刑事诉讼法》、《人民检察院刑事诉讼规则》（以下简称《刑诉规则》）及最高人民法院《关于适用〈中华人民共和国刑事诉讼法〉的解释》（以下简称《刑诉解释》）中均有所体现。刑事案件排除非法证据规则不断健全，排除非法证据制度不断完善。

2022年10月，最高人民法院牵头开展对2017年《法院排非规程》和《人民法院办理刑事案件庭前会议规程（试行）》的修改工作，并商最高人民检察院、公安部、国家安全部、司法部共同会签。为贯彻落实《中共中央关于加强新时代检察机关法律监督工作的意见》，健全完善以证据为中心的刑事指控体系，规范侦查取证行为，保证进入审查起诉阶段的指控证据收集程序合法，在此次修改的《排非规程》中进一步规范了讯问合法性审查及审查逮捕、审查起诉阶段非法证据排除有关规定。同时，对庭前、庭审阶段排除非法证据的程序及法律后果进一步明确。

## 二、主要特点

（一）强化检察审前主导责任与证据审前过滤

证据收集合法性是证据能力的要素之一，是决定证据能够在诉讼中使用作为证明案件事实的基础。2024 年《排非规程》在 2017 年《排非规定》的基础上进一步完善了重大案件侦查终结前讯问合法性审查的启动条件、侦查机关排除非法证据的具体程序及法律后果。人民检察院在审前阶段通过讯问合法性核查、犯罪嫌疑人及其辩护人申请及自行发现等方式对证据收集合法性进行审查、核实，依法排除非法证据，对侦查机关取证合法性开展监督，保证被排除的非法证据不能作为审查逮捕、审查起诉、提起公诉的依据。

（二）推动审判阶段程序性审查与实体性审查高效进行

保证对证据收集合法性审查工作尽量在庭审前完成，是提高庭审质量，防止诉讼过分迟延的一项重要举措。2024 年《排非规程》充分发挥庭前会议在处理程序性问题方面的优势，进一步完善庭前准备程序，强化庭前会议的程序审查功能，尽可能将管辖、回避、非法证据排除等可能导致庭审中断的程序性事项在庭前解决，组织控辩双方在庭前充分展示证据，归纳争议焦点，保证庭审期间审判焦点更加集中，推进庭审实质化，提高庭审质量和效率。

此次一并发布的《办理刑事案件庭前会议规程》，明确将非法证据排除作为启动庭前会议的重要情形之一，并规定法庭对于控辩双方在庭前会议中达成一致意见以及人民法院依法作出处理决定的事项，经简要核实后即可当庭确认，除有正当理由外，一般不再进行处理，确认了庭前会议对所处理事项具有一定的法律效力。

### （三）充分保障被告人在排除非法证据环节的辩护权，有效提高庭审效率

2024 年《排非规程》重视保障犯罪嫌疑人、被告人排除非法证据的申请权、对证据收集合法性审查情况的知情权、参与权以及辩护权。明确规定对于重大案件侦查终结前人民检察院主动向犯罪嫌疑人核实是否存在非法取证情形；审判阶段对于被告人申请排除非法证据的，人民法院应当通知被告人参加庭前会议等，依法保障犯罪嫌疑人、被告人的合法权益。

## 三、主要内容

2024 年《排非规程》在 2017 年《法院排非规程》的基础上，吸收、参照“两高三部”2017 年《排非规定》、《刑诉解释》、《刑诉规则》及《关于重大案件侦查终结前开展讯问合法性核查工作若干问题的意见》（以下简称《讯问合法性核查意见》）有关规定，重点对审前重大案件讯问合法性核查、人民检察院批准逮捕、审查起诉阶段排除非法证据、庭前会议程序及效力等进行规范，共 36 条。

第 1 条至第 3 条，重申中央改革文件对非法证据范围的规定，明确非法证据的认定标准及排除方式。

第 4 条至第 7 条，明确人民检察院在侦查终结前开展讯问合法性核查及审查逮捕、审查起诉阶段排除非法证据的具体程序。

第 8 条至第 35 条，明确人民法院在庭前会议及一、二审阶段排除非法证据的具体规则和流程。主要包括：对被告方提出的“线索”或者“材料”进行界定；明确法院在召开庭前会议前应当阅卷并对证据收集的合法性进行审查，其中包括确认重大案件中人民检察院在开展讯问合法性核查过程中是否同步录音录像、是否制作重大案件讯问合

法性核查意见书等；明确不同阶段侦查人员或者其他人员出庭说明情况的程序及经法院通知侦查人员不出庭的法律后果；明确庭前会议作为排除非法证据的主要阶段及排除非法证据的法律后果；规定证据收集的合法性的举证责任由人民检察院承担；明确被告人及其辩护人可以向法院申请调取侦查机关、人民检察院收集但未提交的讯问录音录像、体检记录等证据材料，强调讯问录音录像是证明证据收集合法性的主要依据，对与定罪量刑有关的内容，讯问笔录与讯问录音录像存在实质性差异的，以讯问录音录像为准；明确被告人供述应当被排除的情形；规定法院应当在裁判文书中写明对证据收集合法性的审查、调查结论并说明理由。

第 36 条，明确 2024 年《排非规程》施行后，2017 年《法院排非规程》同时废止。

此外，2024 年《排非规程》修改的主要目的是明确审前、庭前、庭审阶段司法机关排除非法证据的程序及效力，是对 2017 年《排非规定》的进一步补充，2024 年《排非规程》没有规定的内容仍可参照 2017 年《排非规定》。

## 四、重点问题

### （一）关于申请排除非法证据的主体

2024 年《排非规程》第 6 条第 1 款规定，申请排除非法证据的权利主体为“犯罪嫌疑人及其辩护人”。在征求意见过程中，有意见提出，申请排除非法证据的主体还应当包括“值班律师、诉讼代理人”等。经研究，考虑到实践中值班律师代为申请排除非法证据及被害人、附带民事诉讼原告人申请排除非法证据的情况较少，此次在 2024 年《排非规程》中暂不作专门规定。

（二）关于非法物证、书证的排除

《刑事诉讼法》第 56 条中规定“收集物证、书证不符合法定程序，可能严重影响司法公正的，应当予以补正或者作出合理解释；不能补正或者作出合理解释的，对该证据应当予以排除”，明确了非法物证、书证的排除与补正的基本规则。《刑诉解释》第 126 条第 2 款对如何认定“可能严重影响司法公正”进行阐释，要求“综合考虑收集证据违反法定程序以及所造成后果的严重程度等情况”。我们认为，物证、书证本身具有一定客观性、真实性，对证明案件事实具有重要作用，此次修改《排非规程》进一步对“不符合法定程序”的情形进行规范，更加强调非法物证、书证的取证手段应当具有对当事人合法权益的严重侵犯和对司法公正的严重危害的特征。

（三）关于被告人参与排除非法证据程序

1. 明确被告人申请排除非法证据的，人民法院应当通知其参加庭前会议。此前的规范性文件中对被告人参与排除非法证据的庭前会议并未作明确的强制性规定。《刑诉解释》第 230 条第 2 款仅规定“召开庭前会议应当通知公诉人、辩护人到场”，而第 3 款在“庭前会议准备就非法证据排除了解情况、听取意见，或者准备询问控辩双方对证据材料的意见的”才规定应当通知被告人到场。此次为保障被告人的辩护权，保护被告人就非法取证发表意见的权益，避免辩护人与被告人意见不一致或辩护人怠于履行职责有损被告人权利，2024 年《排非规程》特别将“被告人申请排除非法证据的，人民法院应当通知被告人参加庭前会议”单独作为第 12 条予以规定。在《办理刑事案件庭前会议规程》第 4 条第 3 款中也同步规定“被告人申请参加庭前会议或者申请排除非法证据等情形的，人民法院应当通知被告人到场”。征求意见过程中，有意见提出该条应当进一步明确“辩护人到场”，考虑到《办理刑事案件庭前会议规程》已经明确辩护人应当参加庭前会议，2024年《排非规程》此处不再重复，旨在突出强调保障被告人在排非程序中对其提出的排非申请充分进行阐述的权利。对于被告人经通知因个人等其他原因不能到场的，应当根据《办理刑事案件庭前会议规程》第5条的规定“辩护人一般应当在召开庭前会议前就庭前会议处理事项听取被告人意见”。

2. 明确庭前会议阶段，被告人应当通过辩护人向侦查人员或者其他人员发问。2024年《排非规程》第21条第3项规定：“……被告人及其辩护人可以对相关证据进行质证，经审判长准许，公诉人、辩护人可以向出庭的侦查人员或者其他人员发问。”在征求意见过程中，有意见提出，应当允许被告人向侦查人员或者其他人员发问。经研究，为了维护法庭秩序，司法实践中一般不允许被告人直接发问，一般应当通过辩护人发问，故在此暂不予规定。

（四）关于侦查阶段讯问合法性核查

1. 讯问合法性核查案件的范围。《讯问合法性核查意见》第2条规定，讯问合法性核查的案件范围为“可能判处无期徒刑、死刑的案件或者其他重大案件”，此次《排非规程》第4条沿用了这一范围。讨论过程中，有意见提出，对于黑社会性质组织犯罪、严重毒品犯罪等重大案件应当开展讯问合法性核查。此次修改对此没有明确，实践中检察机关可以根据办案实际对黑社会性质组织犯罪、严重毒品犯罪等其他可能出现刑讯逼供等非法取证情况的重大案件开展重点核查。

2. 讯问合法性核查的工作程序。2017年《排非规定》第14条第3款规定，人民检察院驻所检察人员应当在侦查终结前开展讯问合法性核查。但该规定较为概括，对于如何把握“侦查终结前”这个时点等没有明确。实践中，人民检察院驻所检察人员并不能掌握每个案件的侦查进展情况，难以确定启动讯问合法性核查的时点，给实际开展这项工作带来一定难度。《讯问合法性核查意见》对此进行了完善，明确侦查机关在侦查终结前应当及时制作重大案件即将侦查终结通知书，通知人民检察院开展讯问合法性核查，人民检察院驻所检察人员收到侦查机关通知书后，应当立即开展核查。此次《排非规程》中在《讯问合法性核查意见》的基础上，就讯问合法性核查的基本流程及要求进行明确，要求侦查机关在重大案件侦查终结前应当书面通知人民检察院驻所检察人员，同时要求检察人员对核查过程全程录音录像。

人民检察院开展讯问合法性核查后可能存在两种情况：一种是侦查终结前驻看守所检察人员经核查未发现刑讯逼供情形的，直接制作重大案件讯问合法性核查意见书；另一种是驻看守所检察人员初步调查核实后制作初步核查意见函并连同证据材料一并移送人民检察院负责捕诉的部门，捕诉部门进一步调查核实后制作讯问合法性核查意见书。人民检察院驻看守所检察部门和负责捕诉的部门均有讯问合法性核查权。在不同情形下，讯问合法性意见书可能由人民检察院内部不同部门作出，故在 2024 年《排非规程》第 5 条中统一表述为“人民检察院核查结束后，应当制作重大案件讯问合法性核查意见书，送达侦查机关”，对人民检察院开展讯问合法性核查的程序及内部流转不再详细规定。关于讯问合法性核查的具体工作流程，如询问时对犯罪嫌疑人进行权利告知、询问合法性核查的内容、听取犯罪嫌疑人的辩护律师或者值班律师意见等，仍可依照《讯问合法性核查意见》有关规定执行。

关于同步录音录像问题。《讯问合法性核查意见》第 6 条规定，检察人员开展讯问合法性核查询问犯罪嫌疑人时应当全程同步录音录像。征求意见过程中，有意见提出对讯问合法性核查全程同步录音录像，同时应当要求“不得选择性录制、剪切或者删改”。需要说明的是，人民检察院在开展讯问合法性核查时的询问录音录像主要围绕侦查阶段是否存在刑讯逼供等非法取证情形对犯罪嫌疑人进行核查询问，一般不询问具体案情，不论从性质上还是从内容上与讯问犯罪嫌疑人、被告人的录音录像均有一定区别。考虑到以上原因，在此次修改中对2017年《法院排非规程》第26条第4项“驻看守所检察人员在重大案件侦查终结前未对讯问合法性进行核查，或者未对核查过程同步录音录像，或者录音录像存在选择性录制、剪切、删改等情形，现有证据不能排除以非法方法收集证据的”已不再作为应当予以排除被告人供述的情形在2024年《排非规程》第27条中规定。

但是，为了保证核查询问录音录像的真实性，仍应当依照《讯问合法性核查意见》第6条的要求，核查录像应当与询问过程全程同步，所录制的图像应当反映犯罪嫌疑人、检察人员及询问场景等情况，犯罪嫌疑人应当在图像中全程反映，并显示与询问同步的日期和时间信息。询问笔录记载的起止时间应当与询问录音反映的起止时间一致。

3. 讯问合法性核查意见书应当随案移送。2017年《排非规定》第17条中明确人民检察院对于被排除的非法证据应当随案移送，并写明为依法排除的非法证据，并未要求讯问合法性意见书应当随案移送。根据《讯问合法性核查意见》第9条、第15条，讯问合法性核查意见书作为人民检察院对侦查机关讯问合法性审查的意见应当送达侦查机关。在征求意见过程中，有意见提出，讯问合法性意见书并不是证明案件事实的证据，是司法机关办理案件过程中产生的办案材料，可以作为检察机关证明证据收集合法性的参考，不属于应当随案移送的证据材料。经研究，考虑到讯问合法性核查意见书一定程度上反映了犯罪嫌疑人、被告人对侦查期间讯问合法性的意见及人民检察院核查的具体情况，是法院审查侦查阶段讯问合法性的重要依据之一，应当随案移送。另外，讯问合法性核查意见书对于侦查阶段讯问合法性情况具有一定证明效力，对于被告人在人民检察院对讯问合法性进行询问时已明确表示侦查阶段没有刑讯逼供等非法情形的，在审判阶段无正当理由提出排除非法证据申请的，法院有权驳回该申请。

参照2017年《排非规定》第17条、2017年《法院排非规程》第7条，此次《排非规程》第7条第2款增加了人民检察院应当将被排除的非法证据、讯问录音录像及相关案卷材料一并移送人民法院的规定，以便于法院在庭前会议阶段同步进行审查。征求意见过程中，有意见提出，人民检察院的讯问合法性核查录音录像作为证明讯问合法性的材料，不属于案件证据材料，不应移送人民法院。法庭进行排非调查时，检察机关可以当庭播放作为证明证据收集合法性的材料。需要注意，此处的“一并移送”仅指与“被依法排除的非法证据”有关的讯问录音录像及相关案卷材料。人民检察院对讯问合法性核查的询问录音录像不包括在内。

（五）关于庭前会议处理排除非法证据的预决效力

2017年《排非规定》第23条、第25条、第26条及《刑诉解释》第131条、第132条，均规定了庭前会议排除非法证据程序及效力。此次修改，在以往规范基础上进一步完善了庭前会议排除非法证据的程序要求，并明确了庭前会议排除非法证据的法律效力。

1. 法院应当在庭前会议前对证据收集的合法性进行审查。2024年《排非规程》第13条改变了2017年《法院排非规程》第7条的人民法院在“开庭审理前”对证据收集合法性进行审查的规定，明确庭前会议作为排除非法证据的主要程序阶段。明确承办案件的审判员在“庭前会议前”应当对证据收集的合法性进行审查，需要补充相关证据材料的应当通知人民检察院在三日内补送。需要注意，这里的“三日内”指的是“人民检察院接到人民法院通知的三日内”，并不是召开庭前会议的“前三日”。由于补充提供时间有限，此处补充的证据应当是“应当随案移送而未移送的”，一般不包括需要退回公安机关补充侦查或者人民检察院自行补充侦查的证据。根据《办理刑事案件庭前会议规程》第 7 条，人民法院可以在开庭审理前多次召开庭前会议，也可以在再次开庭前召开庭前会议。如果确有需要补充侦查后提供的证据，人民检察院承办检察官可以与法院承办案件的审判员另行沟通确定提交材料的时间和召开庭前会议的时间。

2. 法院对庭审中是否启动证据收集合法性调查具有决定权。2024 年《排非规程》第 17 条规定，控辩双方在庭前会议中对证据收集的合法性达成一致意见，但一方在庭审中反悔的，除有正当理由外，法庭一般不再进行审查。对于控辩双方在庭前会议中对证据收集的合法性没有达成一致意见的，并不能直接开展庭审调查，而是由人民法院根据情况决定是否进行法庭调查，人民法院对于庭审中是否启动法庭调查具有决定权。具体而言：在庭前会议中控辩双方对证据收集的合法性达成一致意见，而后一方在庭审中反悔且有正当理由的，法庭可以在庭审中进行调查；控辩双方在庭前会议中对证据收集的合法性未达成一致意见，且人民法院对证据收集的合法性有疑问的，应当在庭审中进行调查；控辩双方在庭前会议中对证据收集的合法性未达成一致意见，但有新的线索或者材料表明可能存在非法取证的，法庭可以决定进行调查。

3. 庭审期间被告人及其辩护人提出排除非法证据申请不必然启动法庭调查程序。根据 2024 年《排非规程》第 19 条，对于被告人及其辩护人在开庭审理前未申请排除非法证据，在庭审过程中提出申请的，并不能直接启动法庭调查。首先，被告人及其辩护人应当就庭审过程中提出排非申请说明理由，由人民法院审查后决定是否进行调查，对于经审查对证据收集合法性没有疑问的，人民法院可以直接驳回被告人及其辩护人的申请。其次，被告人及其辩护人没有新的线索或者材料而以相同理由再次提出申请的，人民法院将不再审查。关于“庭上提出申请排除非法证据怎么处理”问题。2017 年《排非规定》第 27 条至第 37 条，明确了庭审阶段对证据收集合法性的调查和处理程序。由于证据收集合法性审查是证据质证的前提。实践中，法庭调查阶段对证据收集合法性调查过程过长会严重影响诉讼进程，从而影响庭审质效。此次修改着重强调一般应当在庭前会议开展证据收集合法性审查。在庭审过程中申请排除非法证据的，应当根据 2024 年《排非规程》第 19 条的规定办理。据此，在庭审阶段启动证据收集合法性的法庭调查的应当具备三项条件：一是被告人及其辩护人在开庭审理前未申请排除非法证据；二是被告人及其辩护人应当说明理由；三是法院审查后对证据收集的合法性有疑问。需要注意的是，在庭审阶段法院对证据收集合法性审查拥有决定权，并不是“申请即启动”。对于法院驳回的排除非法证据申请，被告人及其辩护人不服的，应当提出新的线索或者材料，没有新的线索或者材料而以同样理由再次提出申请的，法院将不再审查。

根据《刑诉规则》第 72 条、第 258 条、第 265 条及 2017 年《排非规定》第 20 条，人民检察院办理审查逮捕、审查起诉的期间，犯罪嫌疑人及其辩护人申请排除非法证据的，并提供涉嫌非法取证的人员、时间、地点、方式和内容或者材料的，人民检察院应当受理并进行审查。根据现有材料无法证明证据收集合法性的，应当及时进行调查核实。需要说明，2017 年《排非规定》第 17 条要求，审查逮捕、审查起诉期间人民检察院对排除非法证据的调查结论应当书面告知犯罪嫌疑人及其辩护人。在征求意见过程中有意见提出应当与2017年《排非规定》保持一致，考虑到2017年《排非规定》已有规定，故不再规定单独书面告知。同时，根据《办理刑事案件庭前会议规程》，人民检察院在庭前会议中将通过出示有关证据材料等方式，有针对性地对证据收集的合法性作出说明，控辩双方可以就证据收集合法性发表意见，进一步保障被告人及其辩护人排除非法证据的申请权。

（六）关于侦查人员出庭说明情况及不出庭的法律后果

1. 明确庭前会议阶段人民法院可以通知侦查人员或者其他人员参加庭前会议，说明情况。《刑事诉讼法》第59条规定，法庭调查中侦查人员或者其他人员可以根据人民检察院提请、人民法院通知或者自行要求出庭说明情况。2017年《排非规定》第27条、第31条规定了庭审期间侦查人员或者其他人员出庭说明情况的两种情形：一是经被告人及其辩护人申请，人民法院认为现有证据不能证明证据收集合法性，确有必要的，人民法院可以通知上述人员出庭；二是公诉人可以提请法院通知侦查人员或者其他人员出庭说明情况。《刑诉规则》第410条也仅规定了法庭审理过程中侦查人员或者其他人员可以出庭说明情况，与《刑事诉讼法》保持一致。此次《排非规程》第15条首次规定，在庭前会议中，人民法院认为必要的可以通知侦查人员或者其他人员参加庭前会议说明情况。

2. 庭审阶段，经被告人及其辩护人申请且人民法院认为确有必要的，应当通知侦查人员或者其他人员出庭说明情况。2024年《排非规程》第23条第3款规定，“被告人及其辩护人申请人民法院通知侦查人员或者其他人员出庭说明情况，人民法院认为确有必要的，应当通知上述人员出庭，不得以签名并加盖公章的说明材料代替侦查人员出庭”。此处，由法院认为“可以”通知侦查人员出庭改为“应当”通知侦查人员出庭，明确法院认为有必要由侦查人员出庭的，侦查人员不得以说明等材料代替出庭，保证控辩双方能够就证据收集过程向侦查人员发问，有利于人民法院更好地审查判断证据收集合法性，避免实践中“能出庭不出庭”而以一纸说明代替出庭的情况。

3. 侦查人员经法院通知出庭而不出庭且不能排除以非法方法收集证据的，对有关证据应当予以排除。《刑事诉讼法》第 59 条第 2 款规定，经人民法院通知有关侦查人员或者其他人员出庭说明情况，有关人员应当出庭。该规定虽然作为强制性规定，但是并未明确不出庭的法律后果，导致实践中存在以工作说明等代替出庭的情况，影响法庭调查。为强化侦查人员出庭要求，保障证据收集合法性核查效果，此次在《排非规程》第 25 条规定，侦查人员不出庭说明情况，不能排除以非法方法收集证据情形的，对有关证据应当予以排除。征求意见过程中，有意见提出，实践中如何确定“人民法院认为确有必要”存在认识分歧，且实践中不能排除侦查人员确实不能出庭的情况，不能以此否定适用说明材料的可能。研究认为，第 25 条第 2 款与第 23 条第 3 款应当一并考虑：对于要求侦查人员出庭说明情况的，不得以书面材料代替，主要考虑在人民法院调查核实过程中通知侦查人员或者其他人员出庭说明情况是法庭对证据收集合法性进行调查核实的最后手段。而在第 25 条第 2 款规定“经人民法院通知，侦查人员不出庭说明情况，不能排除以非法方法收集证据情形的，对有关证据应当予以排除”，需要说明的是，侦查人员不出庭说明情况，且人民法院认为不能排除以非法方法收集证据的，才对有关证据予以排除。这里规定的是符合两项条件后的绝对排除，不是“不出庭就排除”，但是不再区分侦查人员是否存在不出庭说明情况的正当理由，只要侦查人员不出庭说明情况不排除以非法方法收集证据的，即对有关证据予以排除。

（七）关于证据收集合法性证据的庭外收集与核实

现行法律及司法解释关于法院庭外征求意见可以作为定案的根据的情形主要有两种：一是《刑诉解释》第 271 条中规定“对不影响定罪量刑的非关键证据、有利于被告人的量刑证据以及认定被告人有犯罪前科的裁判文书等证据，经庭外征求意见，控辩双方没有异议的”；二是《人民法院办理刑事案件第一审普通程序法庭调查规程（试行）》第 36 条第 2 款规定“对于不影响定罪量刑的非关键性证据和有利于被告人的量刑证据，经庭外征求意见，控辩双方没有异议的”。

此次《排非规程》第 26 条第 2 款规定：“对于控辩双方补充的和法庭庭外调查核实取得的证据，未经当庭出示、质证等法庭调查程序查证属实，不得作为证明证据收集合法性的根据。但经庭外征求意见，控辩双方没有异议的除外。”相比之前增加了法院经庭外征求控辩双方意见确认证明证据收集合法性证据的规定。需要注意，这里的庭外征求意见确认应当仅限于证明证据收集合法性的证据，不应包括证明案件事实的证据。

（八）关于二审法院启动审查证据收集合法性调查程序的情形

根据 2024 年《排非规程》第 30 条至第 32 条，二审法院在以下三种情形下启动证据收集合法性审查：一是一审法院已经对证据收集合法性进行审查、调查并作出结论，人民检察院、被告人及其法定代理人提出抗诉、上诉，对一审法院的审查、调查结论提出异议的；二是一审法院未依法告知被告人申请排除非法证据的权利且被告人及其辩护人在一审程序中未提出排除非法证据申请；三是被告人及其辩护人在一审程序中未提出排除非法证据申请，但在一审庭审后发现涉嫌非法取证的相关线索或者材料的。由此可见，被告人及其辩护人在一审阶段未申请排除非法证据的，二审阶段再提出排除非法证据申请的情形被严格限定，并无其他兜底情形适用条款，进一步督促被告人及其辩护人尽可能在审前、庭前提出排除非法证据申请以避免失权。

# 办理污染环境犯罪案件证据指引

（2024 年 9 月 30 日　高检办发〔2024〕12 号）

为依法惩治污染环境犯罪行为，进一步规范污染环境案件办理工作，提高办案质效，根据有关法律规定，结合办理污染环境案件执法、司法实践，现就此类案件证据问题制定本指引。

## 一、基本原则

检察机关、公安机关要坚持严格依法办案，强化证据意识和程序意识，严格落实证据裁判、程序公正等法律原则，统一执法司法标准，确保办案质量和办案效率相统一。

（一）依法规范原则

要合法、科学规范地收集、固定、审查、运用证据，依法规范适用查封、扣押、冻结等措施，严禁刑讯逼供和以暴力、威胁、引诱、欺骗等非法手段收集证据，不得伪造、隐匿、毁灭证据。

（二）全面客观原则

要全面客观收集、提取、移送、审查与案件定罪量刑有关的证据材料，包括证明犯罪嫌疑人有罪、罪重的证据以及证明犯罪嫌疑人无罪、罪轻的证据，不得选择性取证和选择性移送证据。

（三）证据裁判原则

要将证据作为认定事实和适用法律的基础，以事实为根据、以法律为准绳，认定犯罪的事实和情节都应当有相应证据证明，无证据证明的事实和情节不得认定。

## 二、证明犯罪客观方面的证据

污染环境罪在客观方面表现为违反国家规定，排放、倾倒或者处置有放射性的废物、含传染病病原体的废物、有毒物质或者其他有害物质，严重污染环境的行为。应证明犯罪嫌疑人在客观上实施了污染环境的行为，且符合严重污染环境的情形。重点审查以下证据：

（一）证明实施排放、倾倒或者处置行为的证据

1. 现场勘验、检查笔录，提取、搜查、扣押笔录，扣押清单及现场照片、执法记录或相关视频等，证明排放、倾倒、处置行为和现场具体情况；

2. 聊天记录、通话记录、短信记录、监控录像等书证，视听资料、电子数据，证明排放、倾倒、处置的预谋和实施过程；

3. 排放、倾倒、处置污染物的内部记录，生产、排放日志，污染物处理协议，交易单据记录等，证明排放、倾倒、处置的客观事实；

4. 证人证言、被害人陈述、犯罪嫌疑人供述和辩解，叙述或说明上述情况。

（二）证明污染物种类的证据

1. 经批准或者备案的环境影响评价文件、排污许可证、排污登记表等书证；

2. 书证、物证，证明涉案污染物，及其产生工艺、生产流程、原辅材料；

3. 污染物处理经营许可资质证明；

4. 生态环境主管部门及其所属监测机构在行政执法过程中收集的现场笔录、勘验笔录、电子数据及视频、现场采样的登记表、监测数据；

5. 公安机关单独或者会同生态环境主管部门提取污染物样品的笔录、检测获取的数据；

6. 专业机构出具的检验、检测报告、监测数据；

7. 鉴定意见，地、市级以上生态环境主管部门、公安机关出具的报告，或者国务院生态环境主管部门、公安机关指定的机构出具的报告；

8. 有专门知识的人就案件的专门性问题出具的报告；

9. 犯罪嫌疑人供述和辩解、证人证言，证明污染物来源、产生过程、种类、性质等。

（三）证明“严重污染环境”的证据

1. 在饮用水水源保护区、自然保护地核心保护区等依法确定的重点保护区域排放、倾倒、处置有放射性的废物、含传染病病原体的废物、有毒物质的。

（1）国务院或者省、自治区、直辖市人民政府划定饮用水水源保护区的批准文件；

（2）国务院或者省、自治区、直辖市人民政府批准划定自然保护地核心保护区的批准文件；

（3）现场照片、视听资料或经纬度测试记录，证明地方人民政府设立的地理界标、警示标志及属于重点保护区范围；

（4）地方人民政府相关部门出具的证明文件、情况说明；

（5）现场勘验示意图、位置图，证明排放、倾倒或者处置污染物地点与饮用水水源保护区、自然保护地核心保护区位置情况；

（6）证人证言、犯罪嫌疑人供述和辩解，叙述或说明上述情况。

2. 非法排放、倾倒、处置危险废物 3 吨以上的。

（1）称重笔录、称重照片、视频等，证明查获的危险废物重量；

（2）现场勘验、检查笔录，物证照片，视听资料等，证明扣押的运输车辆的载重量或容量；

（3）书证、电子数据等，证明非法处置危险废物合同约定、资金往来记录；

（4）经批准或者备案的环境影响评价文件、排污许可证、排污许可登记表、企业生产经营情况（如耗电量、耗水量、产品数量）等书证，证明生产工艺、物耗、能耗情况及产生的危险废物的重量；

（5）现场勘验、检查笔录，检验、检测报告等，证明非法排放、倾倒、处置危险废物的情况；

（6）证人证言、犯罪嫌疑人供述和辩解，叙述或说明上述情况。

3. 排放、倾倒、处置含铅、汞、镉、铬、砷、铊、锑的污染物超过国家或者地方污染物排放标准3倍以上；含镍、铜、锌、银、钒、锰、钴的污染物超过国家或者地方污染物排放标准10倍以上的。

（1）生态环境监测机构出具的监测报告，专业机构出具的检验、检测报告，证明污染物含量；

（2）国家排放标准或者地方排放标准的相关规定；

（3）生产、处理记录书证等，证明企业生产情况、废物产生率及处理情况；

（4）证人证言、犯罪嫌疑人供述和辩解，叙述或说明上述情况。

4. 通过暗管、渗井、渗坑、裂隙、溶洞、灌注等逃避监管的方式，排放、倾倒、处置有放射性的废物、含传染病病原体的废物、有毒物质的。

（1）现场视频、照片、检查笔录、取样记录、侦查实验等，证明污染物进入外环境的具体方式、来源、去向，以及暗管、渗井、渗坑、裂隙、溶洞等被用于排放污染物；

（2）生态环境等行政主管部门出具的报告，证明排污方式类型；

（3）证人证言、犯罪嫌疑人供述和辩解，叙述或说明上述情况。

5. 通过非紧急情况下开启大气应急排放通道方式排放、倾倒、处置有放射性的废物、含传染病病原体的废物、有毒物质的。

（1）现场勘验、检查笔录，现场视频、照片，证明应急排放阀门开关状况、应急通道有无烟气排放、有无紧急情况等；

（2）生态环境主管部门出具的调查情况、生态环境监测机构监测数据，证明开启大气应急排放通道时间段无紧急情况；

（3）物证、书证等，证明生产工艺情况以判断是否处于紧急情况；

（4）证人证言、犯罪嫌疑人供述和辩解，叙述或说明上述情况。

6. 2 年内曾因在重污染天气预警期间，违反国家规定，超标排放二氧化硫、氮氧化物等实行排放总量控制的大气污染物受过 2 次以上行政处罚，又实施此类行为的。

（1）行政处罚决定书，证明犯罪嫌疑人 2 年内因上述行为受过 2 次以上行政处罚；

（2）生态环境监测机构监测数据，省、自治区、直辖市、设区的市人民政府发布的重污染天气预警信息，证明每次实施上述行为的时间段大气污染情况；

（3）国务院生态环境主管部门确定的重点大气污染物排放总量控制目标或省、自治区、直辖市人民政府确定的分解总量控制指标；

（4）生态环境监测机构监测数据，专业机构出具的检验、检测报告，证明此次超标排放的情况；

（5）证人证言、犯罪嫌疑人供述和辩解，叙述或说明上述情况。

7. 重点排污单位、实行排污许可重点管理的单位篡改、伪造自动监测数据或者干扰自动监测设施，排放化学需氧量、氨氮、二氧化硫、氮氧化物等污染物的。

（1）地、市级以上人民政府生态环境主管部门依法确定的应当安装、使用污染物排放自动监测设备的重点监控企业及其他单位的名录或清单，或生态环境等行政主管部门出具的情况说明、查询记录，证明涉案单位属于重点排污单位、实行排污许可重点管理的单位；

（2）监控录像，证明自动监测设备站房、监测点位案发时间段的情况；

（3）运维记录、台账，证明自动监测设备运行情况；

（4）自动监测设施上传环保部门监管平台的相关记录、涉案单位手动修改记录，现场查获时的检验、检测报告，证明自动监测数据被篡改的情况及污染物排放情况等；

（5）生态环境等行政主管部门出具的报告，证明自动监测设备被篡改、伪造数据或被干扰正常运行；

（6）证人证言、犯罪嫌疑人供述和辩解，叙述或说明上述情况。

8. 2年内曾因违反国家规定，排放、倾倒、处置有放射性的废物、含传染病病原体的废物、有毒物质受过2次以上行政处罚，又实施此类行为的。

（1）行政处罚决定书，证明犯罪嫌疑人2年内因上述行为受到2次以上行政处罚；

（2）证人证言、犯罪嫌疑人供述和辩解，叙述或说明上述情况。

9. 违法所得30万元以上的。

（1）收据、发票、账本、账单、转款记录、资金交易明细等书证或电子数据，证明通过排放、倾倒或者处置污染物获取的违法所得数额；

（2）证人证言、犯罪嫌疑人供述和辩解，叙述或说明上述情况。

10. 致使公私财产损失 30 万元以上的。

（1）鉴定意见、专家论证意见等，证明排放、倾倒或者处置污染物直接造成财产损毁、减少的实际价值；

（2）合同、收据、发票、账目、往来账本、账单、银行转款记录、资金交易明细、污染物处置的现场视频、照片等，证明为防止污染扩大、消除污染而采取必要合理措施所产生的费用，以及处置突发环境事件的应急监测费用；

（3）证人证言、犯罪嫌疑人供述和辩解，叙述或说明上述情况。

11. 致使乡镇集中式饮用水水源取水中断 12 小时以上的。

（1）县级以上人民政府突发环境事件应急领导机构、供水单位出具的情况说明，生态环境等行政主管部门出具的调查报告等；

（2）生态环境监测机构出具的监测报告、专业机构出具的检验、检测报告等；

（3）视听资料、电子数据等，证明当地饮用水水源取水中断的具体情形和时间；

（4）证人证言、犯罪嫌疑人供述和辩解，证明饮用水水源取水中断的时间及其他情况。

（四）证明“情节严重”的证据

1. 在饮用水水源保护区、自然保护地核心保护区等依法确定的重点保护区域排放、倾倒、处置有放射性的废物、含传染病病原体的废物、有毒物质，造成相关区域的生态功能退化或者野生生物资源严重破坏的。

除参考“证明‘严重污染环境’的证据”部分第 1 条的证据外，还应重点审查鉴定意见，地、市级以上人民政府生态环境主管部门，公安机关，野生动物保护主管部门出具的报告，或者国务院生态环境主管部门、公安机关、野生动物保护主管部门等指定的机构出具的报告，证明相关区域生态功能退化、野生生物资源严重破坏等情况。

2. 向国家确定的重要江河、湖泊水域排放、倾倒、处置有放射性的废物、含传染病病原体的废物、有毒物质，造成相关水域的生态功能退化或者水生生物资源严重破坏的。

（1）国务院确定重要江河、湖泊水域的相关文件；

（2）现场勘验示意图、位置图，证明排放、倾倒或者处置污染物地点与重要江河、湖泊水域的位置情况；

（3）鉴定意见，地、市级以上人民政府生态环境主管部门、公安机关、水生生物保护主管部门出具的报告，或者国务院生态环境主管部门，公安机关，水生生物保护主管部门等指定的机构出具的报告，证明相关水域的生态功能退化或者水生生物资源严重破坏等情况；

（4）证人证言、犯罪嫌疑人供述和辩解，叙述或说明上述情况。

3. 非法排放、倾倒、处置危险废物100吨以上的。

参考“证明‘严重污染环境’的证据”部分第2条的证据要求。

4. 违法所得或者致使公私财产损失100万元以上的。

参考“证明‘严重污染环境’的证据”部分第9、10条的证据要求。

5. 致使县级城区集中式饮用水水源取水中断12小时以上的。

参考“证明‘严重污染环境’的证据”部分第11条的证据要求。

6. 致使永久基本农田、公益林地10亩以上，其他农用地20亩以上，其他土地50亩以上基本功能丧失或者遭受永久性破坏的。

（1）土地利用总体规划、土地利用现状等文件，证明涉案地块的土地性质；

（2）土地承包协议、土地勘测定界技术报告书，现场勘验笔录，现场视频、照片等，证明涉案地块的面积和具体情况；

（3）鉴定意见，地、市级以上人民政府生态环境、公安、自然资源、林业等主管部门出具的报告，或者国务院生态环境、公安、自然资源、林业等主管部门及其指定的机构出具的报告，证明涉案地块基本功能丧失或者遭受永久性破坏；

（4）证人证言、犯罪嫌疑人供述和辩解，叙述或说明上述情况。

7. 致使森林或者其他林木死亡 50 立方米以上，或者幼树死亡 2500 株以上的。

（1）鉴定意见，地、市级以上人民政府林业主管部门出具的报告，或者国务院林业主管部门、公安机关指定的机构出具的报告，现场视频、照片，现场勘验笔录等，证明森林或者其他林木、幼树的死亡情况；

（2）证人证言、犯罪嫌疑人供述和辩解，叙述或说明上述情况。

8. 致使疏散、转移群众 5000 人以上的。

（1）县级以上人民政府突发环境事件应急领导机构、应急救援队伍、居委会、村委会、公安派出所出具的情况说明、公布的突发环境事件信息报告，生态环境等行政主管部门出具的调查报告等，证明转移、疏散群众的情况；

（2）证人证言、犯罪嫌疑人供述和辩解，叙述或说明上述情况。

9. 致使 30 人以上中毒的，致使 1 人以上重伤、严重疾病或者 3 人以上轻伤的。

（1）鉴定意见，专业机构出具的检验报告、生态环境部门或者其他行政主管机关出具的调查报告等，证明被害人中毒、染病、受伤的原因及损伤等级；

（2）病历、医疗诊断记录、诊断证明书等，证明患者中毒、染病、受伤情况；

（3）证人证言、犯罪嫌疑人供述和辩解，叙述或说明上述情况。

（五）证明“情节特别严重”的证据

参考“证明‘严重污染环境’的证据”部分第1条，“证明‘情节严重’的证据”部分第1条、第2条、第6条、第9条的证据要求。

（六）证明因果关系的证据

应当注意对环境污染与排放、倾倒、处置行为之间因果关系进行判断，即需要证实犯罪嫌疑人所排放、倾倒、处置的污染物与造成环境污染的污染物具有同一性。审查中需要结合经批准或者备案的环境影响评价文件，鉴定意见，生态环境、公安等行政主管部门出具的报告，生态环境监测机构出具的监测报告，专业机构出具的检验、检测报告，有专门知识的人的意见等综合判断。

## 三、证明犯罪主体方面的证据

本罪为一般主体，包括已满16周岁，且具有刑事责任能力的自然人和单位。准确区分单位犯罪和自然人犯罪，应当重点审查以下证据。

（一）证明自然人身份的证据

1. 户籍所在地公安机关出具的户籍证明材料，应附免冠照片以及同户家庭成员情况并加盖户籍专用章。未附照片的，应当审查犯罪嫌疑人亲属或者其他知情人员辨认犯罪嫌疑人或者其照片的笔录；

2. 户口簿、居民身份证、居住证、工作证、护照等；

3. 岗位任职文件、劳动合同、岗位职责等；

4. 证人证言、犯罪嫌疑人供述和辩解，叙述或说明上述情况。

（二）证明单位身份的证据

重点审查单位是否为了实施犯罪而设立；单位设立后是否以实施

污染环境犯罪为主要业务；犯罪所得是否进入单位所有、控制的账户；实施犯罪是单位意志，还是个人意志。

1. 企业法人营业执照、工商注册登记证明，从事危险废物经营等特殊行业的，应审查相应的批文或许可证；

2. 证明事业单位、社会团体性质的相应法律文件，机关、团体法人代码；

3. 单位财务账目、银行账号证明、年检情况、审计或清理证明、转账记录等，证明单位管理及资产收益、流向、处分等情况；

4. 单位内部组织的有关合同、章程、协议书等书证，证明单位的组织形式、直接负责的主管人员和其他直接责任人员等情况；

5. 单位相关会议记录、会议纪要、签字记录等材料，以及营业执照、合同书、公章、印鉴、单位车辆、生产设备、原辅材料使用情况的记录，证明是否能够体现单位意志；

6. 聊天记录等电子数据，证明单位直接负责的主管人员、直接责任人员授意实施污染环境行为的情况；

7. 单位已经被撤销的，应有其主管单位出具的证明或工商注销登记资料；

8. 单位直接负责的主管人员、其他直接责任人员的供述或证言，公司员工和业务合作方的证人证言等，重点审查单位基本情况和犯罪嫌疑人个人任职、职责等情况，查明犯罪活动是否经单位决策实施。

## 四、证明犯罪主观方面的证据

### （一）犯罪嫌疑人供述和辩解

污染环境罪的主观罪过应重点审查犯罪嫌疑人供述中的犯罪动机、目的及预谋情况，以及行为的时间、地点、参与人、方式、经过、结果。关于违法性认识，仅需认识到自己的行为可能被法律负面评价，不需要认识到具体的违法情形或惩罚后果。

（二）其他证据

犯罪嫌疑人对污染环境的主观罪过存在辩解时，应当依据其任职情况、职业经历、专业背景、培训经历、本人因同类行为受到行政处罚或者刑事追究情况，以及污染物种类、污染方式、资金流向等证据，结合其他证据，进行综合分析判断。

如具有下列情形，且犯罪嫌疑人不能作出合理解释的，可以认定其故意实施环境污染犯罪，但有证据证明确系不知情的除外。结合具体案情，需要注意审查以下证据：

1. 企业没有依法通过环境影响评价或未依法取得排污许可证，排放污染物的。

（1）企业应进行环境影响评价、排污申报的规范性文件，例如《建设项目环境影响分类管理目录》《固定污染源排污许可分类管理名录》等；

（2）生态环境等行政主管部门出具的情况说明、查询记录等，证明涉案企业未通过环境影响评价，或未取得排污许可证；

（3）证人证言，叙述或说明上述情况。

2. 已经通过环境影响评价并且防治污染设施验收合格后，擅自更改工艺流程、原辅材料，导致产生新的污染物质的。

（1）企业环境影响评价材料，包括工艺流程、原辅材料、硬件设施、审查批复、自主验收等；

（2）物证，书证，现场勘验、检查笔录，照片，有专门知识的人出具的报告等，证明实施污染行为前后的工艺流程、原辅材料的差别；

（3）证人证言，叙述或说明上述情况。

3. 不使用验收合格的防治污染设施或者不按规范要求使用的。

（1）验收合格的相关批复；

（2）被验收合格的防治污染设施或者规范要求；

（3）生态环境等行政主管部门出具的情况说明、现场执法录像，证明未使用验收合格的防治污染设施或不按规范要求使用；

（4）证人证言，证明未使用验收合格的防治污染设施或实际操作不规范。

4. 防治污染设施发生故障，发现后不及时排除，继续生产放任污染物排放的。

（1）书证、自动监测设备的电子数据等，证明设备故障被发现或者被上报的情况；

（2）监测数据，证明污染后果持续产生等情况；

（3）证人证言，叙述或说明上述情况。

5. 生态环境主管部门责令限制生产、停产整治或者予以行政处罚后，继续生产放任污染物排放的。

（1）行政处罚决定书，限制生产、停产整治通知书；

（2）生态环境主管部门出具的情况说明，证明被责令限制生产、停产整治或者予以行政处罚后，继续生产放任污染物排放的情况；

（3）证人证言，叙述或说明上述情况。

6. 将危险废物委托第三方处置，明知对方无危险废物经营许可证或者超出经营许可范围，或者故意不查验经营许可、委托处置费用明显低于市场价格或者处置成本的。

（1）危险废物委托处置协议、企业危险废物出入库证明等；

（2）正规危险废物处置企业负责人员的证言等，证明同期处置同类危险废物的市场价格合理区间；

（3）监控视频、运输车辆车牌核查情况，证明危险运输、处置废物的过程；

（4）资质查询情况等，证明处置危险废物的单位无危险废物经营许可证或者超出经营许可范围；

（5）证人证言，叙述或说明上述情况。

7. 通过暗管、渗井、渗坑、裂隙、溶洞、灌注、非紧急情况下开启大气应急排放通道等逃避监管的方式排放污染物的。

参考“证明‘严重污染环境’”第4条、第5条的证据要求。

8. 通过篡改、伪造监测数据的方式排放污染物的。

参考“证明‘严重污染环境’”第7条的证据要求。

## 五、证明共同犯罪的证据

审查物证、书证、视听资料、电子数据、证人证言、犯罪嫌疑人供述和辩解等证据，证明各犯罪嫌疑人主观上是否知道或应当知道他人实施污染环境的行为，客观上是否参与污染物收集、运输、排放、倾倒、处置等环节，或向实行犯提供资金、场地、许可证明等帮助。应注意，主观上明知他人无危险废物经营许可证，客观上向其提供或者委托其收集、贮存、利用、处置危险废物，严重污染环境的，以共同犯罪论处。

## 六、证明量刑情节的证据

### （一）证明法定量刑情节的证据

1. 证明自首及其他发破案经过的证据

除公安机关出具的发破案经过、到案经过外，还应分情况审查以下证据：

（1）以上游犯罪嫌疑人供述为线索的，应审查上游犯罪嫌疑人供述、同案犯供述、证人证言、受案登记表等；

（2）因形迹可疑被盘查或者自动投案的，应审查犯罪嫌疑人供述、受案登记表、盘查或接受投案人员的证言等；

（3）公安机关工作中发现并立案的，应审查公安机关相关工作汇报、总结材料、受案登记表等；

（4）行政机关移送的，应审查案件受理、登记、审批、移送手续等。

2. 证明共同犯罪地位、作用的证据

犯罪嫌疑人供述和辩解、证人证言、聊天记录等电子数据，证明决策、分工、获利情况等。

3. 证明认罪认罚的证据

犯罪嫌疑人供述和辩解、认罪认罚具结书、退赃退赔证明等。

4. 证明检举立功的证据

（1）犯罪嫌疑人检举揭发材料及来源材料；

（2）司法机关调查核实材料、被检举揭发人的供述和辩解等；

（3）立案决定书、起诉书、不起诉决定书、判决书等法律文书，证明被检举揭发案件的诉讼程序及处理结果。

5. 证明前科劣迹的证据

刑事判决书（刑事附带民事公益诉讼判决书）、刑事裁定书、刑满释放证明、不起诉决定书等。

（二）证明酌定量刑情节的证据

1. 阻挠环境监督检查或者突发环境事件调查的。

（1）行政执法部门出具的情况说明；

（2）检查、调查的执法录音录像等证据；

（3）证人证言、犯罪嫌疑人供述和辩解，叙述或说明阻挠环境监督检查或者突发环境事件调查的经过。

2. 在人口集中的地区及其附近排放、倾倒、处置污染物的。

公安机关结合侦查、调查情况出具的情况说明，并附犯罪地点影像图、现场照片、常住人口统计证明等客观材料。

3. 特定期间排放、倾倒、处置污染物的。

（1）生态环境等行政主管部门出具的情况说明，证明排放、倾倒、处置污染物的行为发生在突发环境处置等特定期间；

（2）环境行政执法部门作出“责令限期整改”等措施的行政处罚决定书等；

（3）监测数据、证人证言、现场检查笔录等，证明在特定期间依然排放、倾倒、处置污染物。

4. 危险废物经营企业违规排放、倾倒、处置污染物的。

（1）危险废物经营许可证、营业执照等工商登记材料、查询记录，证明具备经营危险废物的资质；

（2）证人证言、犯罪嫌疑人供述和辩解，叙述或说明上述情况。

5. 实行排污许可重点管理的企业事业单位和其他生产经营者未依法取得排污许可证，排放、倾倒、处置污染物的。

（1）生态环境等行政主管部门出具的情况说明、查询记录，证明排污单位为实行排污许可重点管理的企业事业单位和其他生产经营者未依法取得排污许可证；

（2）证人证言、犯罪嫌疑人供述和辩解，叙述或说明上述情况。

6. 案发后及时采取措施，防止损失扩大、消除污染，积极修复生态环境，赔偿损失的。

（1）环境修复申请书、关于对污染场地采取临时防护措施申请书、生态环境损害赔偿协议、支付环境修复及损失费用收据等；

（2）污染治理合同、银行转款记录等；

（3）现场照片、生态修复验收报告等，证明修复情况；

（4）证人证言、犯罪嫌疑人供述和辩解，叙述或说明上述情况。

# 《办理污染环境犯罪案件证据指引》的理解与适用

劳　娃　谢文文*

2024年9月，最高人民检察院办公厅、公安部办公厅、生态环境部办公厅联合印发《办理污染环境犯罪案件证据指引》（以下简称《指引》），于下发之日起施行。为便于执法司法实践中准确理解和适用，现就《指引》的制定背景和主要内容等说明如下。

## 一、《指引》的制定背景

良好生态环境是人类赖以生存和发展的基础。党的十八大以来，习近平总书记基于对人类文明发展规律、自然规律和经济社会发展规律的深刻认识，把生态文明建设作为关系中华民族永续发展的根本大计，大力推动生态文明理论创新、实践创新、制度创新，形成了习近平生态文明思想。习近平总书记强调，要实现经济发展、政治清明、文化昌盛、社会公正、生态良好，必须更好发挥法治引领和规范作用。2020年3月，中共中央办公厅、国务院办公厅印发《关于构建现代环境治理体系的指导意见》，要求强化对破坏生态环境违法犯罪行为的查处侦办，加大对破坏生态环境案件起诉力度。二十届三中全会专章部署深化生态文明体制改革，再次强调中国式现代化是人与自然和谐

* 劳娃，最高人民检察院普通犯罪检察厅二级高级检察官；谢文文，四川省人民检察院普通犯罪检察部三级高级检察官。

共生的现代化。

为进一步加大对污染环境犯罪的惩处力度，2021 年 3 月 1 日起施行的《刑法修正案（十一）》对污染环境罪作出了重要修订，强调了对特定区域生态环境的保护并增加了“处七年以上有期徒刑，并处罚金”这一档法定刑。最高人民法院、最高人民检察院于 2023 年 8 月及时调整司法解释，出台《关于办理环境污染刑事案件适用法律若干问题的解释》（以下简称《解释》），确保法律统一、有效实施。

检察机关高度重视破坏生态环境案件的办理工作，以“高质效办好每一个案件”作为基本价值追求。最高人民检察院与公安部、生态环境部等单位加强协作配合，通过开展重点领域专项行动、发布典型案例、督办重大环境案件等方式，从严惩治污染环境犯罪。各地坚持严格执法、公正司法，依法惩治污染环境违法犯罪行为，有力维护了良好生态环境这一最普惠的民生福祉，也积累了一定的执法司法经验。

在此背景下，为深入贯彻习近平生态文明思想、习近平法治思想，进一步明确污染环境罪及司法解释修改后的办案要求，规范污染环境犯罪案件的办理工作，构建以证据为中心的刑事指控体系，最高人民检察院会同公安部、生态环境部，经深入调研、共同协商，并征求最高人民法院意见，制定《指引》。

## 二、《指引》的起草原则和总体要求

《指引》落实落细“四个坚持”。

一是坚持提高政治站位。以习近平新时代中国特色社会主义思想为指导，深入贯彻习近平生态文明思想和习近平法治思想，认真贯彻二十届三中全会精神和习近平总书记在全国生态环境保护大会上的重要讲话精神，始终坚持用最严格制度最严密法治保护生态环境，深入推进蓝天、碧水、净土“三大保卫战”，为生态文明建设提供有力法治保障。

二是坚持法律适用的延续性和系统性。《指引》立足解决司法实践办案人员的迫切需要，针对现行有效的污染环境罪司法解释、规范性文件等规定，通过条目化的清单，进一步明确证明污染环境定罪、量刑所需的证据，点对点式引导办案人员规范、高效收集和审查证据。

三是坚持问题导向。《指引》聚焦近年来执法司法办案中面临的新情况、新问题，梳理办案实践反映突出的证据争议及难点、重点，吸收、总结各地先进办案经验，并参考指导性案例、典型案例提取的规则经验，以当前污染环境犯罪案件取证技术为依托，统一基本证据要求。

四是坚持构建以证据为中心的指控体系。《指引》既重视各类型污染环境入罪证据，又兼顾法定刑升档证据；既注重犯罪构成要件证据，又关注量刑证据。建立从客观性证据到主观性证据的审查模式。

上述原则贯彻于《指引》起草工作和文本始终。同时，《指引》提出收集、审查污染环境犯罪证据，要坚持依法规范、全面客观、证据裁判三个原则。

一是依法规范原则。办案机关要合法、科学、规范收集、固定、审查、运用证据，依法规范适用对物强制措施，严禁使用非法手段收集证据，不得伪造、隐匿、毁灭证据。由于《指引》的主要内容是列举证明污染环境犯罪的常见证据，本原则通过强调程序合法性，提示办案人员还应依照刑事诉讼法的相关规定审查取证合法性与办案合法性。

二是全面客观原则。办案机关要全面客观收集、提取、移送、审查与案件定罪量刑有关的证据材料。主要体现在既要重视有罪、罪重的证据，又要重视无罪、罪轻的证据，不得选择性取证和选择性移送证据。这一原则，是收集、审查《指引》所列全部证据的方向性要求，旨在提示检察人员应秉持保持客观公正立场，审查案件时不能遗漏证明无罪、罪轻的证据。

三是证据裁判原则。办案机关要将证据作为认定事实和适用法律的基础，贯彻“以事实为根据、以法律为准绳”这一诉讼法的基本原则，认定犯罪的事实和情节都应当有相应证据证明。这一原则，是收集、运用《指引》所列全部证据的目的性要求。由于《指引》所列证据是为污染环境案件达到“证据确实、充分”的证明标准指明方向，并不是最高或最低证据要求，本原则旨在提示办案中应根据个案具体情况，依托取证技术构建证据体系。

## 三、《指引》的主要内容

《指引》依照刑法、刑事诉讼法及相关司法解释规定，全面、系统列明证明环境污染犯罪各定罪量刑情节的重点证据。《指引》除第一部分基本原则外，分为证明犯罪客观方面的证据，证明犯罪主体方面的证据，证明犯罪主观方面的证据，证明共同犯罪的证据，证明量刑情节的证据。需重点关注以下内容。

### （一）关于证明客观方面的证据

一是证明发生《刑法》第338条规定的排放、倾倒、处置行为的证据。常见的是犯罪嫌疑人预谋、实施污染环境行为而形成的现场、书面或电子留痕。一般情况下，污染环境犯罪发生后，公安机关、生态环境执法部门单独或联合到现场检查，能够及时形成现场勘验、检查笔录、现场照片等证明实施污染行为的证据。需要注意的是，依据《公安机关现场执法视音频记录工作规定》第4条、《生态环境执法人员行为规范》第11条的规定，公安机关、生态环境执法部门现场取证应当留有视音频记录。必要时，该视听资料可以作为证据使用。另外，当前跨境处置工业固体废物问题日趋严峻，逐渐形成非法产、运、销、处置的黑灰产业链。办理此类案件，在查明排放、倾倒、处置的现场情况后，还需重点审查书证、视听资料、电子数据等，进一步查明各环节的行为内容及参与人情况。

二是证明排放、倾倒、处置的污染物属性的证据。即证明污染物是否属于《刑法》第338条有放射性的废物、含传染病病原体的废物、有毒物质或者其他有害物质。鉴定意见、检测报告等能够直接证明污染物属性，但是办案实践普遍反映鉴定贵、鉴定难等问题，且部分案件存在污染物缺失等特殊情形。起草组认为，具有真实性、合法性、关联性，能够证明污染物情况的一切材料都是证据。办案机关可以调取环境影响评价文件、生产流程示意图，以及《解释》第15条增加的排污许可证、排污登记表等证据，并综合其他在案证据排除合理怀疑，达到证据确实、充分的证明标准，亦能认定污染物的属性，不一定每案必须进行鉴定。同时，鉴于上述判断过程专业性较强，办案机关可指派、聘请有专门知识的人提供意见，进一步论证结论的准确性。

需要说明的是，起草过程中有意见提出，将《指引》中所列生态环境主管部门、公安机关出具的报告以及《解释》第15条规定的书面意见的出具主体限于地、市级以上单位。经研究认为，生态环境案件的执法权原则上归市级生态环境部门，且生态环境问题较为专业、复杂，基层执法力量和办案能力相对薄弱，从对等性、权威性的角度考虑，起草组采纳该意见，将出具报告的单位统一规定为地、市级以上生态环境主管部门、公安机关等。

三是证明符合犯罪成立条件的证据。该部分明确《解释》第1条中十种“严重污染环境”的具体情形、第2条中十种“情节严重”的具体情形、第3条中四种“情节特别严重”具体情形应分别重点收集和审查的证据。本部分在《指引》中篇幅最长，下面重点说明以下几个问题：

（1）起草过程中，有意见建议调整体例，按照法定证据种类或取证过程分类，并列明取证重点、规范取证程序。经研究，出台证据指引的目的是明确污染环境案件定罪量刑需重点收集和审查的证据，与侦查指引有一定区别。检察机关审查证据、引导取证的通常思路是判断司法解释所规定的入罪或升档情形所需证据是否确实、充分。故尽管将《解释》第1条、第2条、第3条的三类情形进行分类列举会出现证据重复、排序冲突等现象，但能够直观呈现各类污染环境行为的定罪量刑证据，为司法办案提供指引，故未采纳上述意见。

（2）起草过程中，有意见建议增加证明污染后果的证据。经研究，该问题涉及污染环境罪属于行为犯还是结果犯的理论争议。行为犯与结果犯的概念、区别在理论上存在多种解读。从污染环境罪的修改历程来看，逐渐呈现法益保护前置化、惩罚严厉化等特点，大部分入罪情况并不需要查明实害后果，只要具有环境污染的危险即可。另外，《关于办理环境污染刑事案件有关问题座谈会纪要》（以下简称《纪要》）第2条第8款已明确“司法实践中认定非法排放、倾倒、处置行为时，……从其行为方式是否违反国家规定或者行业操作规范、污染物是否与外环境接触、是否造成环境污染的危险或者危害等方面进行综合分析判断”。同时，排放、倾倒、处置却无造成环境污染可能的情况，实践中不常见，如要求每个案件均收集证据证明，会增加侦查取证的难度。故未采纳该意见。

（3）《解释》依据《大气污染防治法》第20条第2款规定，新增

“非紧急情况下开启大气应急排放通道”这类逃避监管的入罪情形。实质是针对大气污染物被非法排放后会迅速逸散，难以取得污染物含量、重量等方面证据，进而降低了入罪证明难度。《指引》将此类入罪情形单独规定了证据要求，指出需重点审查证明“非紧急情况下”“开启大气应急排放通道”的证据。一般而言，办案机关通过现场勘验、检查、调取现场监控视频，以及生态环境主管部门出具调查报告能够证明前述两点。如果存在现场证据灭失、查处不够及时等情况，可以通过对设备中存储的数据及企业生产工艺进行综合性、专业性分析，判断是否可能发生紧急情况，以及是否曾开启大气应急排放通道。

（4）《指引》认为，《解释》新增的“二年内曾因在重污染天气预警期间，违反国家规定，超标排放二氧化硫、氮氧化物等实行排放总量控制的大气污染物，受过二次以上行政处罚，又实施此类行为的”入罪情形，除重点审查证明行为和污染物种类的证据，并结合国家政策和法律法规规定判断是否属于“实行排放总量控制的大气污染物”外，还应重视证明“二年内因超标排放实行排放总量控制的大气污染物受过二次以上行政处罚”的前行为证据，和证明“重污染天气预警期间”“超标”等现行为的证据。前者主要包括行政处罚决定书，及行政执法部门查处违法事实时所取得的材料；后者一般有生态环境监测机构的监测数据、预警信息，以及污染物的检验、检测报告等。

（5）《解释》在“重点排污单位篡改、伪造自动监测数据或者干扰自动监测设施，排放化学需氧量、氨氮、二氧化硫、氮氧化物等污染物的”基础上，依据《排污许可管理条例》第20条第1款规定，新增“实行排污许可重点管理的单位”这一行为主体。因行政主管部门对此类单位的管理比较完善，故《指引》指出，可通过查询名录等方式查明涉案单位是否在名录、名单内。此外，行政主管部门盖鲜章的情况说明也能够为证明涉案单位是否适格提供有力证明。

（6）《刑法修正案（十一）》明确列举了四种应当处7年以上有期徒刑的行为类型，《解释》第3条列举的相关情形可分为两类。

一类需要专业判断得出结论。如“造成自然保护地主要保护的生态系统严重退化”“造成国家确定的重要江河、湖泊水域生态系统严重退化的”“致使永久基本农田五十亩以上基本功能丧失或者遭受永久性破坏的”等。此类情形下，除重点审查政府批准文件、证明文件，以及现场勘验示意图等证据，以确定案发地是否为重点保护区域、重要江河、湖泊水域等外，还需按照规范程序聘请具备专业资质或专门知识的人或有关单位出具鉴定意见、报告等材料。此外，证明“致使三人以上重伤、严重疾病，或者一人以上严重残疾、死亡的”所需证据与故意伤害类案件类似，一般包括鉴定意见、检验报告、有关单位的报告，以及病历、医疗诊断记录、诊断证明书等。

另一类可依据常识结合在案证据得出结论。如“致使设区的市级城区集中式饮用水水源取水中断十二小时以上的”情形。除行政主管部门出具的调查报告、情况说明能够直接证明该事实外，专业机构的检验、检测报告，以及自来水供水水质监测设备、管理系统等设施或平台存储的电子数据亦能够证明该集中式饮用水水源恢复可饮用标准的时间、取水中断持续的时间等。

四是证明因果关系的证据。污染环境罪中的因果关系，是环境污染与排放、倾倒、处置行为之间引起与被引起的关系。通常情况下，污染环境案件因果关系的判断不具有争议性，但是在非封闭式排污、连续性排污等可能存在多个行为主体同时或先后实施排污行为导致污染后果的情况下，如何认定以及能否认定因果关系就存在比较大的争议。

起草过程中，有意见提出，为解决上述特殊情形下因果关系认定的难题，在证明因果关系的证据标准上，除需证明具有同一性外，还应证明具有排他性或唯一性。经研究，因果关系的理论非常复杂，个案的情形也复杂多样，如行为无法造成环境污染，则不属于污染环境罪的行为，无需考虑是否存在因果关系；如行为有造成环境污染的危险或危害，即使多个污染行为共同导致环境污染，亦不能排除刑法上的因果关系。故未采纳该意见。但是，多因一果情况下能否成立犯罪，还应进一步审查行为人主观等方面的证据。

（二）关于证明主体方面的证据

一是证明自然人身份的证据。该部分与其他普通犯罪的证据要求相同。需要注意的是，因大部分污染环境犯罪发生在生产及其关联领域，即使不成立单位犯罪，也可能与一定的职业或职位相关，因此应审查行为人岗位任职文件、劳动合同、岗位职责等证据。

二是证明单位身份的证据。应重点审查两方面的证据，第一，单位是否适格。审查企业营业执照、工商登记资料、许可证，以及事业单位、社会团体等主体的设立文件、法人代码，证明涉案单位属于《刑法》第30条规定的“公司、企业、事业单位、机关、团体”，且并非为实施犯罪设立或设立后以实施犯罪为主要活动。第二，是否以单位名义，为单位谋取利益。重点审查证明决定、批准、组织、策划污染环境犯罪行为的合同、章程、协议书、会议记录、会议纪要、签字记录等；证明指挥、授意、纵容污染环境犯罪行为的聊天记录等；证明实施污染环境犯罪行为使用单位公章、印鉴、车辆的记录等；证明获利情况的财务账目、转账记录等证据。另外，应根据在案证据明确单位犯罪的直接负责的主管人员和其他直接责任人员。

（三）关于证明主观方面的证据

一是审查犯罪嫌疑人的供述和辩解。除审查动机、目的、预谋情况，以及时间、地点、参与人、方式、经过、结果等与犯罪事实相关的内容外，还应审查犯罪嫌疑人是否具有违法性认识。污染环境罪虽然具有行政犯属性，但是基于数十年严厉打击生态环境犯罪的政策背景和宣传，社会民众对某类行为是否可能触犯环境领域相关法律法规应当具有一定程度的认知，又由于环境领域的专业性，在认定犯罪嫌疑人是否具有违法性认识时，仅需证明其认识到自己的行为可能被法律负面评价，不需要证明其认识到具体的违法情形或惩罚后果。

二是审查其他间接证据推定主观明知。该部分主要明确《纪要》“关于主观过错的认定”部分七种常见主观推定情节应分别重点审查的证据。起草过程中，有意见建议将此部分内容作为证明单位犯罪主观方面的证据单独列举，并重点论证“行为系由单位集体研究决定，或者由单位的负责人授权或被授权的其他人员决定、同意的，谋取的不正当利益归属单位所有”。经研究，虽然“单位意志”“为了单位利益的目的”涉及单位犯罪的主观方面，但相关证据与审查判断思路同样适用于区分单位犯罪与个人犯罪以及确定单位犯罪直接负责的主管人员和其他直接责任人员。故未采纳该意见。

（四）关于证明共同犯罪的证据

污染环境犯罪多为共同犯罪。《指引》专门设置“证明共同犯罪的证据”章节，旨在提示办案人员在审查前述证明犯罪构成要件事实的证据时，还应重点关注其中证明共犯主观上明知他人实施污染环境行为，客观上参与污染环境行为的相关环节，或提供资金、场地、许可证明等帮助的内容，确保准确划定“共同犯罪圈”。

起草过程中，有意见建议，将与共同犯罪有关的证据分为“证明共同犯罪的证据”与“证明共同犯罪地位、作用的证据”。经研究认为，二者确实存在差别，前者侧重于共同犯罪的成立条件，且仅需提示证据审查方式；后者侧重于对各共同犯罪人区别量刑，且还需列明重点审查的证据。故采纳该意见，并将“证明共同犯罪地位、作用的证据”放入“证明量刑情节的证据”条目下。

（五）关于证明量刑情节的证据

一是证明法定量刑情节的证据。污染环境犯罪案件中常见的法定量刑情节包括自首、立功、从犯、认罪认罚、累犯等。由于被动到案、主犯、具有累犯以外的前科劣迹等情节，系办理案件应当查明的事实，且与前述法定量刑情节需要审查的证据相似。为减少内容重复，《指引》将前面两类量刑情节合并，分别明确判断自首及其他发破案经过、共同犯罪地位和作用、认罪认罚、检举立功、前科劣迹等情节应重点审查的证据。

二是证明酌定量刑情节的证据。该部分明确《解释》第5条规定的五种从重情节及第6条规定的“积极修复生态环境”从宽情节应分别重点审查的证据。需要注意的是，《指引》“积极修复生态环境”部分的表述参考了《解释》修改前的内容。原因是“及时采取措施，防止损失扩大、消除污染，赔偿损失”属积极修复生态环境的题中之义，《解释》为简化表述予以删除，但是从证据指引的角度考虑，宜通过全面表述待证事实所包含的内容，引导办案人员充分收集、审查证明犯罪嫌疑人开展生态修复、赔偿生态环境损失等情况及效果的证据。

Yanjiu Dongtai

# 研究动态

# 做实高质效办好每一个职务犯罪案件
## ——职务犯罪检察实务研讨会综述

段剑良　张　川　李　灿*

9月19日，由最高人民检察院职务犯罪检察厅、西南政法大学、重庆市人民检察院主办，西南政法大学法学院承办的“高质效履职办案服务反腐败工作大局”职务犯罪检察实务研讨会在西南政法大学宝圣湖校区成功举办。**最高人民检察院党组成员、副检察长葛晓燕，中国刑法学研究会会长、上海市高级人民法院院长、党组书记贾宇，重庆市人民检察院党组书记、检察长时侠联，重庆市人民检察院原检察长、西南政法大学刑事检察研究中心负责人、中国法学会检察学研究会刑事检察专业委员会主任贺恒扬，西南政法大学党委副书记、校长林维**以及来自高校、司法实务部门的专家学者60余人参加。

### 开幕式

林维校长，时侠联检察长，贾宇会长，葛晓燕副检察长先后作开幕式致辞。**最高人民检察院检察委员会委员、职务犯罪检察厅厅长张晓津**主持开幕式。林维校长表示，此次研讨会深入贯彻落实《中共中央关于加强新时代检察机关法律监督工作的意见》，持续推进习近平法

* 段剑良，最高人民检察院职务犯罪检察厅办公室主任；张川，最高人民检察院职务犯罪检察厅三级高级检察官助理；李灿，西南政法大学法学院刑法专业博士生。

治思想的检察实践，有利于促进职务犯罪检察理论研究与实践融合互促，更好地服务反腐败工作大局。长期以来，西南政法大学高度重视检察理论研究工作，今后将依托最高检刑事检察研究中心在检察学研究中紧密对接检察实践，不断提高理论研究水平，以高质量研究服务检察工作高质量发展。也希望通过此次研讨，进一步推动理论界和实务界对职务犯罪的认识与研究，为我国职务犯罪的司法适用和系统治理贡献智慧。

时侠联检察长表示，近年来，重庆检察机关充分履行职务犯罪检察职能，积极助推打赢反腐败斗争攻坚战持久战，依法高质效办理了一批重大、疑难、复杂职务犯罪案件，进一步完善监检衔接机制，狠抓专业化建设，为全面推进清廉重庆建设、服务反腐败工作大局贡献了检察力量。新时代新征程，反腐败斗争面临新形势新任务。全市检察机关将深入学习贯彻党的二十届三中全会精神和习近平总书记视察重庆重要讲话重要指示精神，认真学习吸纳此次研讨会成果，持续深化学术交流和实践探索，不断推动职务犯罪检察高质量发展，更好以检察工作现代化服务中国式现代化。

贾宇会长首先代表中国刑法学研究会对本次研讨会的召开表示热烈的祝贺。贾宇指出，如何深化职务犯罪理论和实践问题研究，深化理解和践行习近平总书记关于党风廉政建设和反腐败斗争的重要论述，为加强职务犯罪治理提供理论支撑，是各位与会专家、学者肩负的学术使命与政治责任、社会责任。本次研讨会聚焦高质效履职办案，服务反腐败工作大局主题，具有重要的理论价值和现实意义。对此，贾宇谈了三点看法：一是直面实践难题，促进职务犯罪疑难问题的解决。二是明确职责分工，准确把握执法司法机关之间的配合制约关系。三是秉持系统思维，构筑新时期立体化反腐败治理体系。贾宇认为，本次研讨的内容紧贴实践需求，问题导向鲜明。希望研讨会能将法学理论和司法实践更好地结合起来，为反腐败工作大局贡献力量。最后，贾宇预祝本次研讨会取得丰硕成果。

葛晓燕副检察长指出，检察机关在反腐败斗争中肩负着重要的政治责任和法律责任。要坚持以习近平法治思想、习近平总书记关于党的自我革命的重要思想为遵循，认真学习贯彻领会党的二十届三中全会精神，坚持加强党中央对反腐败工作的集中统一领导，正确把握职务犯罪检察理论研究方向，加强对涉及职务犯罪检察改革内容落实的研究，为健全公正执法司法体制机制等相关任务落实贡献智慧力量。要强化理论与实践相结合，围绕党的二十届三中全会对深入推进党风廉政建设和反腐败斗争的部署要求，聚焦当前反腐败斗争出现的新情况新动向，助力解决办案中遇到的难题，以高质量研究成果助力职务犯罪检察高质效办案。要深化检学研合作，共同推动法学教育、法学研究、法治工作高质量发展，培育高素质法治专门人才，为进一步全面深化改革、推进中国式现代化提供有力法治保障。

开幕式致辞结束后，为此次研讨会的征文活动获奖作品的代表颁发了荣誉证书。

## 专题研讨

本次论坛聚焦“高质效履职办案服务保障反腐败工作大局”主题，下设四个研讨专题，旨在围绕党的二十届三中全会对深入推进党风廉政建设和反腐败斗争的部署要求，聚焦当前反腐败斗争出现的新情况新动向，助力解决办案中遇到的难题，以高质量研究成果助力职务犯罪检察高质效办案。

专题研讨之一：职务犯罪检察基础理论问题

本专题由**重庆市人民检察院原检察长、西南政法大学刑事检察研究中心负责人、中国法学会检察学研究会刑事检察专业委员会主任贺恒扬，最高人民法院刑事审判二庭副庭长何东青**主持。

如何强化“互相配合、互相制约”，**四川省达州市人民检察院党组书记、检察长赖权宏**指出，监察机关与检察机关的配合制约关系，从制度机制以及实践情况看，已相对成熟，但也还存在一些问题。一是“或左或右”的问题。有的检察人员对检察机关反腐败职能定位认识不到位，要么片面把握“依法办案”，不重视甚至排斥与监察机关的配合；要么消极认为审查起诉就是一个“端饭程序”，不敢不愿也不善于制约。二是“上热下冷”的问题。上级检察机关尤其是最高检对“两个互相”原则的理解深刻，在办理或者指导办理系列大要案件中体现很充分，但其他层级尤其是基层检察机关人员落实“两个互相”原则的实践效果参差不齐，表现在提前介入质量不高甚至是“走过场”，不重视会商研判，不重视追赃挽损工作等。三是轻治理的问题。有的检察人员认为反腐败是纪检监察机关的事，在推动社会治理体系能力方面，没有充分发挥检察机关作为国家法律监督机关应有的作用。赖权宏检察长强调，检察机关作为宪法规定的国家法律监督机关，作为确保法律统一正确实施的国家司法机关，在职务犯罪案件办理中，要充分运用“三个善于”要求，领悟法治精神、遵守法治规则、守牢法治底线，这是检察办案应有的职业操守和价值追求。一是切实提高“两个互相”的政治自觉和制度自觉。严格落实监察法、刑诉法等法律法规要求，更加有效配合与制约。二是提升司法智慧守牢法治底线。始终坚持事实标准，确保事实清楚，证据确实、充分；坚持法定标准，定罪和刑罚必须满足刑法规定的必要条件；坚持人权保障标准，避免出现刑讯逼供、暴力取证等违反政策法律的现象。三是持续做实做优“提前介入”这一“前半篇文章”和做准做深“推动社会治理体系能力提升”这一“后半篇文章”。

**四川大学法学院教授魏东**从职务犯罪的不法实质与制裁根据谈道，公共政策上的职务犯罪治理，要紧紧抓住“可信赖的职务行为公正性”和“兼有惩戒性与预防性的治理措施”两个重点论。

魏东教授以受贿罪与行贿罪、滥用职权罪与玩忽职守罪这两组犯罪为例，分析其制裁根据的区别。其一，受贿罪方面，只要发生在国家工作人员具体履职过程中，收受、承诺收受、约定收受他人财物的行为，都侵犯了“可信赖的职务行为公正性”，依法应定罪处罚。其二，行贿罪方面，法律限定为“为谋取不正当利益”给予国家工作人员以财物的行为，同样都侵犯了“可信赖的职务行为公正性”，依法应定罪处罚。其三，行贿罪的法定刑轻于受贿罪，并且行贿罪有“为谋取不正当利益”的特别构成要素，行贿罪的特别从宽处罚制度远远优于受贿罪的特别从宽处罚规定。

关于滥用职权罪和玩忽职守罪的制裁根据，魏东教授认为，以下两点需要注意。其一，国家工作人员需要区分层级和具体职责，具体审查是否玩忽职守并侵犯了“可信赖的职务行为公正性”。对于高层及管理人员侵犯“可信赖的职务行为公正性”的判断应当谨慎，除非有明显的失职行为，一般不能轻易地认定高层及管理人员侵犯了“可信赖的职务行为公正性”。对于低层级管理人员（直接负责人员）侵犯“可信赖的职务行为公正性”的判断，要注意运用业务过失、过失犯实行行为理论进行具体的、实质的审查。其二，国家工作人员需要区分领域和具体职责，例如国有公司、企业人员的市场竞争和风险投资行为（经济领域），要具体审查是否玩忽职守并侵犯了“可信赖的职务行为公正性”，不能仅看经济收益的损失结果。

关于提前介入与审查起诉的定位与功能，**全国检察业务专家、安徽省人民检察院职务犯罪检察部主任李领臣**从以下三个方面进行了介绍。一是提前介入监察调查的定位。经过对几种学说的论证，法律监督说缺乏法律依据，监察独立说不宜作为理论基础，公诉准备说更符合我国司法实践。提前介入监察调查，具有政治性、被动性、协商性等特征，更多体现的是协商、协调、沟通。二是提前介入监察调查的功能。监察调查与审查起诉各成体系、相互独立，提前介入的功能和价值更多在于畅通法法衔接。首先是凝聚意见共识，提供一个交流和解决分歧的平台。其次是完善案件证据。检察机关介入的主要工作是对证据收集、事实认定、案件定性及法律适用提出意见。最后是做好具体衔接。除了证据之外，包括管辖、强制措施适用、涉案人员处置、涉案财物处置、情节把握等都需要全面沟通，提出意见，做到良好的衔接。三是提前介入与审查起诉的关系。提前介入和审查起诉分属不同程序，是不同的办案阶段，提前介入为审查起诉做准备，但不应将二者混同，提前介入意见不能代替审查起诉意见。提前介入更侧重于配合，移送与否在于监察机关决定，移送后检察机关就应当实事求是、全面审查、依法处理。

**江西省赣州市人民检察院党组成员、驻院纪检监察组组长肖世成**介绍了赣州市检察院在监检衔接中的经验做法，分析了在提前介入中存在的商请介入时间存在随意性、介入案件占比极高、介入意见的落实反馈不够顺畅、漏罪漏犯查处难以落实、互涉案件办理不够规范等问题。

肖世成组长建议，检察机关提前介入监察调查机制可以从以下方面进行完善：一是深入贯彻落实党的二十届三中全会精神，厘清监察、检察的角色定位，构建“配合+制约”体制机制；二是精准界定重大职务犯罪的定罪量刑标准、主体身份标准、社会影响标准，精细设计疑难、复杂职务犯罪案件的证据收集标准、事实认定标准、法律适用标准；三是完善检察机关提前介入监察调查的内控机制、检察介入意见的反馈机制；四是明确检察机关提前介入监察调查的制约方式及内容。

专题发言结束后，进入与谈环节。**最高人民检察院职务犯罪检察厅主办检察官、二级高级检察官尚垚弘**认为，办好职务犯罪检察案件，需要抓住提前介入与审查起诉这两个关键环节。在这两个关键环节中，需要着力处理好互相配合与互相制约两个关系。

互相配合主要包括以下几个方面。一是管辖的配合。监察管辖与司法管辖有不同的标准，二者之间应当衔接配合。二是留置措施和刑事强制措施的衔接配合。对于行为人是否有羁押必要性，可以在提前介入阶段作预审查，对于没有羁押必要性的，可以建议监察机关在移诉前解除留置措施，检察机关受理后即作出取保候审决定。三是证据的衔接配合。《监察法》第33条第1款、第2款规定了监察机关在收集、固定、审查、运用证据时要对标刑事审判对证据的要求和标准。结合近几年的实践方案，有两点需要予以关注：第一点是强制性的调查措施和强制性的司法措施的衔接配合，第二点是证据材料移送的衔接配合。

在互相制约方面，尚垚弘检察官指出，检察机关对监察机关的制约主要是通过审查起诉的方式来实现。主要审查以下方面：一是犯罪事实和情节是否清楚，犯罪性质和罪名的认定是否正确。二是证据是否确实、充分。三是有无遗漏罪行和其他应当追究刑事责任的人。四是非法证据的排除。五是在程序方面主导认罪认罚从宽制度的适用。

六是酌定不起诉、核准不起诉等权力的行使。

**西南政法大学刑事检察研究中心副主任、西南政法大学法学院教授贾健**首先高度肯定了魏东教授的发言和观点。同时，也提出了自己的疑问，即可信赖的职务行为公正性和职务行为的不可收买性法益之间是什么关系。

贾健教授指出，几位检察实务专家提出的目前互相制约过程中存在的一些问题具有合理性，对提前介入中存在的介入时间随意性、介入犯罪不明确等问题及解决方式，自己也赞同。

贾健教授认为，检察机关的提前介入也应该有其主动性。一是介入的目的。检察机关提前介入的目的是为案件移送审查起诉做准备，而不是帮助监察机关对案件进行把关。二是介入的必要性。对于确实在证据收集和证明上存在疑难，或者数额特别巨大的案件，检察机关才可以考虑提前介入。如果监察调查中，事实、证据已经完全符合诉讼标准，则检察机关不用提前介入。三是制约的方式。如果在提前介入过程中确实发现取证程序存在违法现象，此时应当以书面的形式提出，并且应当告知违法取证的不利后果。四是法律的完善。如果可以直接适用更高位阶和更硬性的法律，亦即通过修订法律对提前介入的标准、方式等作出明确规定，将直接提升提前介入质效。

**河南大学腐败与金融犯罪研究院院长、教授，最高人民检察院职务犯罪检察研究基地（河南大学）负责人刘路阳**分享了三点见解。一是追诉标准应统一。例如，办理非国家工作人员受贿罪，公安机关立案、检察院审查，采用最高检和公安部2022年颁布的《关于公安机关管辖的刑事案件立案追诉标准的规定（二）》规定的3万元立案追诉标准，部分同级法院审判采纳2016年“两高”《关于办理贪污贿赂刑事案件适用法律若干问题的解释》中6万元标准。二是严格执行衔接意见。例如，关于15天的移送起诉时间，部分监察机关如果不能严格贯彻，在最后两三天才移送，一旦需要退回补充调查，可能会出现因监察调查办案团队解散，导致退补困难，影响案件起诉。三是创新案件办理模式。部分监察机关立案较多，但第四种形态的数量比监察改革前少，基层检察机关因此出现职务犯罪案件很少甚至无案可办。为锻炼人才、提高办案质量，可以学习天津检察院司法实践，全市范围内组建类案办理专业团队。

**西南政法大学刑事检察研究中心副主任、教授艾明**指出，在互相制约方面，还可以重点关注以下问题。一是先前的涉案财物处置问题。例如，在审查起诉阶段撰写起诉书后，如果发现有遗漏的财物，那么起诉书的财物范围是不是当然及于尚未发现的这些涉案财物，还是移送到法院后，依职权认定遗漏的财物？二是审前羁押措施。在最新公布的监察法修正案中，将新增和调整几种调查措施，如管护、强制到案、延长留置期限等，其对人身自由的影响比较明显，如何制约，需要研究。对于提前介入问题，有法理指出，监察调查的案件，行为人罪行较为严重或者涉及机密，如果检察机关提前介入可能导致泄密。然而，其正当性仍然不足，因为在公安机关侦查的案件中检察机关介入，也存在涉密风险。所以该法理论证的正当性方面略显不足，提前介入工作有其必要性和合理性。

最后，何东青副庭长总结道，虽然监察机关、检察机关、法院在“互相制约，互相配合”中的具体内容有所区别，但是共同的目标是一致的，即如何依法有效地配合，依法有效地制约，形成有效的反腐工作合力，更好地服务党和国家的工作大局。

专题研讨之二：职务犯罪案件办理程序性问题

本专题由**中国人民大学法学院教授魏晓娜**和**北京市人民检察院职务犯罪检察部主任叶萍**主持。

**北京师范大学刑事法律科学研究院副院长、教授王秀梅**指出，在职务犯罪违法所得没收程序的司法适用过程中，以下问题值得思考：一是违法所得没收程序的适用范围问题。在《刑事诉讼法》第298条对适用违法所得没收程序的罪行范围作出规定的基础上，2017年“两高”出台的《关于适用犯罪嫌疑人、被告人逃匿、死亡案件违法所得没收程序若干问题的规定》第1条，又采用列举和扩大解释的方式，对上述罪行范围中的“等”作出了进一步明确。二是违法所得没收程序的属性判断问题。违法所得没收程序具有刑事诉讼与民事规则交叉适用的属性，其实质是不对犯罪嫌疑人或被告人予以刑事定罪，而仅对涉案财产采取没收的刑事强制措施，其特殊之处在于未经对被告人定罪量刑而直接处分涉案财产。因而，违法所得没收程序在证据的证明标准方面也与普通刑事诉讼程序略有不同。三是违法所得没收程序适用中的国际司法协助问题。四是违法所得没收程序司法认定中的人权保障问题。五是违法所得没收程序中的司法救济问题。总之，虽然违法所得没收程序的适用在我国起步较晚，但刑事立法、司法解释及司法实践也都在不断完善。可以说，违法所得没收程序已经成为我国反腐败国际追逃追赃和“以追赃诉追逃”的一项重要利器。

针对互涉案件中逮捕与留置衔接导致对同一犯罪嫌疑人“两次决定逮捕”的问题，**浙江省人民检察院职务犯罪检察部主任楼丽**指出，对同一犯罪嫌疑人“两次决定逮捕”的做法面临正当性、合法性、合理性层面的质疑：一是正当性层面。“两次决定逮捕”特别是对同一犯罪嫌疑人因同一事由两次决定逮捕，不利于保障公民个人基本权利。二是合法性层面。司法机关决定和解除逮捕都需要符合严格的法定条件。但司法实践中，解除逮捕并不符合《刑事诉讼法》相关规定，例如对于符合径行逮捕条件的犯罪嫌疑人，因留置而解除逮捕就与《刑事诉讼法》第 81 条的规定不符。三是合理性层面。检察机关第一次审查逮捕时已经对案件的证据事实进行了实质审查，对犯罪嫌疑人的第二次羁押完全可以继续沿用前一次逮捕决定，“两次决定逮捕”做法既浪费司法资源，也影响刑事诉讼效率。

如何实现留置与刑事强制措施之间顺畅衔接，楼丽主任建议参照诉讼程序中止的法理，在立法上增加关于刑事强制措施执行中止的规定，即需要对已被逮捕的犯罪嫌疑人采取留置措施的，中止当前逮捕措施，待监察机关结束留置重新将犯罪嫌疑人移交司法机关，逮捕恢复执行。由于前后两次逮捕属于一个整体，故期限累计计算。

**西南政法大学法学院教授闫召华**指出，监察机关和检察机关互相制约、互相配合的关系由宪法明文规定，对其可作如下理解：第一，“互相制约”不等同于“互相监督”。检察机关是国家法律监督机关，监察机关的监督是一种以反腐败为核心、覆盖全体公职人员的政治性监督。法律监督主要体现为诉讼监督，而监察调查活动并不适用《刑事诉讼法》，所以监察机关并不属于检察机关法律监督的对象。第二，监察机关与检察机关互相配合、互相制约的关系还具有特殊的结构性特征，即监察机关定位的特殊性和监察权的封闭性、高阶性导致监察机关在职务犯罪案件办理中体现出一定的主导性。第三，检察机关制约作用主要体现为对监察机关所移送案件的结果作出法律评价，把刑事诉讼的标准向前传导。检察机关应当着眼于反腐败工作大局，兼顾监察调查工作的特殊性，同时守住法治底线和公正底线。第四，检察机关发挥制约作用的具体途径主要包括如下方面：管辖、提前介入、强制措施、非法证据排除、自行补侦与退回补充侦查、正确评价监委的情况说明等材料、适用认罪认罚从宽制度以及起诉权与不起诉权的内容。上述八个方面的制约途径实现了配合中的制约、制约中的配合。

围绕职务犯罪案件证据审查与出庭公诉问题，**全国检察业务专家、天津市人民检察院职务犯罪检察部副主任陈赛**用以下三个关键词进行分析：第一个关键词是“定位”。从历史性视角观察，在监察体制改革后，检察机关的业务属性不是减弱而是增强，责任不是更小而是更大。着眼最高检党组所提出的“高质效办好每一个案件”的工作理念，要把职务犯罪案件办成经得起历史和人民检验的铁案，检察机关对自身定位的认识应当更加清晰。第二个关键词是“态势”。围绕证据审查和出庭公诉，职务犯罪检察工作面临如下难题：一是个体证据取舍难，即当某一位证人不到案、某一份书证不在案时能否定案的问题。二是证据体系建构难，主要体现为对于“事实清楚，证据确实、充分”的证明标准应当如何理解，如何与监委取得共识的问题。三是法律适用难，即在新型贿赂、渎职犯罪层出不穷的背景下如何准确认定罪名的问题。四是出庭难，即面对职务犯罪案件中具有较多专业知识的被告人和具有较丰富办案经验的辩护人，公诉人在庭审中总体感到“艰巨而高效”。第三个关键词是“路径”。一是检察机关在司法审查时要把控好证据的“量”，要清晰、明确、高效地回答“相关证据的份数要达到何种程度”“某个证据是可有可无还是不可或缺”等问题。二是要把握好证据的“质”，比如被告人的口供、行贿人的证言、相关书证需要佐证到何种程度，才能认定本案行为属于受贿犯罪行为而非违纪行为。三是在出庭方面，表现为公诉人面对艰巨而漫长的职务犯罪案件庭审过程，能否实现无稿式开庭的问题。

专题发言结束后，进入与谈环节。**重庆市高级人民法院刑事审判**

**第二庭庭长廖建斌**对四位发言人的观点进行了总结，并在此基础上进一步提出了自己的思考：第一，职务犯罪案件办理程序性问题实际上就是围绕监察、检察、审判、侦查以及辩护之间构成职权及权力以外的关系所展开。通过关涉财产的司法程序的顶层设计、司法解释的补充和对实践问题的再思考，可以进一步完善法律和司法解释等相关规定，从而使程序设计更加正当、使判决令人信服。第二，楼丽主任对互涉案件中的“两次决定逮捕”问题进行深入探讨并提供了解决方案，有助于使公民的人身权利在强制措施中得到更好的保障。第三，证据问题永远是实体处理和程序进行的问题集中地，其主要是解决程序上的正当性与实体上的可行性问题。第四，监察机关与检察机关之间的互相配合、互相制约的关系实际上是一种程序性保障。没有配合的制约和没有制约的配合均有失偏颇，需要通过制度设计予以完善。除“配合有余、制约不足”问题外，在某些特殊的疑难案件当中可能会出现“制约有余”的问题也需要关注。

**山东大学法学院教授冯俊伟**对四位发言人的讲授内容表示高度赞同，并在此基础上提出了自己的体会与思考：第一，王秀梅教授在报告中所谈及的未定罪的犯罪所得没收问题与证据高度相关。在犯罪所得没收的体系中，既包括普通的犯罪所得没收，也包括扩大的犯罪所得没收，还包括未定罪的犯罪所得没收，而后两种犯罪所得没收在一定程度上都是基于证明困难而产生的。在此框架下的犯罪所得没收，尤其是特别没收体系的内涵十分丰富，且须具备一定的要件。第二，许多同志可能更习惯立足于监察法去思考监察法的问题、立足于刑事诉讼法去思考刑事诉讼法的问题，但在实践中一定会遇到法律程序衔接的问题。过往研究对于法律程序衔接的基本原理、基本架构、基本做法的关注度不足。在刑事案件办理过程中，如何促进法律程序的良好衔接，是一个值得大家共同关注的问题。对此，楼丽主任和闫召华教授在报告里都谈道，一定要将问题放置于法律程序整体性的框架中去思考，甚至回归到宪法的层面进行思考，值得学习与肯定。第三，当前证据法的发展存在一种趋势，即在关注刑事证据法这个单元的基础上，更加关注类罪的证据特点。需要继续追问的是，在证据法基本原理的基础上，我们是否有可能建构一个契合类罪特点的证据规范。第四，随着国际追逃追赃的工作力度逐渐加大，涉外证据的取得、运用、司法证明等问题越来越重要。第五，对于“应在案而未在案”缺失的证据资料如何评价，也是一个值得关注的问题。

**西南政法大学刑事检察研究中心执行主任向燕教授**认为，职务犯罪案件办理中的程序性问题具有复杂性，这主要体现在：第一，办理职务犯罪案件可能涉及多个程序种类。第二，办理职务犯罪案件涉及监检机关之间的衔接配合。之所以在互涉案件中存在相应措施的重叠衔接等问题，本质是因为具有同质性的逮捕和留置措施由不同的机关行使，应当用同一套话术体系来规定同质化的强制性措施、调查措施。第三，职务犯罪案件的证明问题较为突出。由于调查程序的中立性强，检察机关需要在程序后端做一些补充侦查、非法证据排除等工作。

为此，向燕教授提出了三点解决意见：第一，要实现监察机关权力行使的法治化，必须认识到监检关系中也具有诉讼关系。第二，检察机关依法独立行使检察权，在决定职务性事项时无须事先与监察机关沟通。第三，监察机关作为公诉的辅助机关，具有配合履行证明责任的义务。关于职务犯罪案件的证明问题，一方面要重视客观证据和一般情理的应用，另一方面要重视反向证据，合理运用最佳解释推理的方法和排除合理怀疑的证明标准。

**魏晓娜教授**对上述发言进行了总结。她认为，职务犯罪案件的办理强烈依赖口供，而这种调查模式容易产生违法风险。随着大数据侦查、调查手段的发展，办案机关对口供的依赖性减弱，但一些大数据调查和侦查手段可能面临合法性的质疑。

魏晓娜教授认为，检察机关与监察机关的关系问题在办理职务犯罪案件中较为突出，公诉准备说更符合实务现状。在职务犯罪案件中，由检察机关承担证明责任，并承担证明不力的败诉结果。由于检察人员并不在取证现场，当刑辩律师提出非法证据排除时，检察人员难以证明没有发生非法取证的事情。以审判为中心的刑事诉讼改革要求无论是监察机关的调查活动还是公安机关的侦查活动，实际上都应该服务于公诉。上述情况都要求检察机关必须能够提前介入职务犯罪案件，为公诉做充分准备。

对于实践中出现的“两次决定逮捕”问题，魏晓娜教授认为一事不再理原则是有时间节点的。从程序的角度来说，互涉案件由监察机关与其他机关按照职责分工各自办理，此时存在两次逮捕本身没有太大的问题。更值得关注的是，目前部分案件从审查起诉阶段退回监委后，被调查人再次被留置，这种做法是否具有法律依据？

专题研讨之三：贪贿案件办理疑难问题

本专题由**上海交通大学凯原法学院教授、中国刑法学研究会副会长、最高人民检察院职务犯罪检察研究基地（上海交大）负责人于改之**和**新疆维吾尔自治区人民检察院职务犯罪检察部主任赵凡立**主持。

**北京师范大学刑事法律科学研究院教授、中国刑法学研究会副秘书长阴建峰**认为，贪贿类洗钱犯罪不仅在立法上呈现一种扩张的趋势，在司法适用中也呈现一定的扩张趋势，我们应该更加密切地关注司法需求，反思并且优化现有条文的设置以及相关适用问题。从实践来看，贪贿类洗钱犯罪类型丰富且认定困难。因此，有必要在揭示贪贿类洗钱犯罪本质的基础之上把握相关司法适用的限缩问题，立足于贪贿类洗钱罪条文本身对规范用语进行解释，同时也应当立足于法益保护，对行为入罪做解释，立足于实践状况对具体适用加以限制。

针对预期收益型受贿犯罪问题，**江苏省人民检察院职务犯罪检察部主任万龙**谈了三方面认识。首先，国家工作人员利用职务便利为他人谋利，他人将预期可以实现的、缺乏商业风险的、能产生较高收益的财产性利益让渡给国家工作人员，以实现输送利益的目的，属于权钱交易的范畴，应予规制。其次，目前预期收益犯罪主要存在以下三种典型类型。一是购买上市公司原始股。国家工作人员出资追求的不是即时的现实利益，而是股票上市后高溢价的预期利益。二是购买未上市公司股份参与分红。国家工作人员先利用职务便利使公司获得高利润业务，扶持公司从小到大，从弱到强，再以分红的形式名正言顺地攫取利益。三是进行固定期限高收益理财。行贿人以代为炒股、投资等形式，通过高额收益的保底承诺，实现利益输送。最后，万龙主任认为，将预期收益认定为贿赂对象尚无明确的法律依据，对此类型犯罪进行规制时还要谨慎、谦抑，特别要重点关注预期收益实现的时间节点。

围绕介绍贿赂中截贿的法律适用问题，**最高人民检察院法律政策研究室操宏均博士**指出，这一问题实践中争议较大，可以根据截贿行为的不同，分为下面两种情况来处理：一是对于介绍人在国家工作人员不知情的情况下收受请托人财物的情形，不构成受贿罪的共犯。这是因为能够进行介绍贿赂的，往往是与国家工作人员关系密切的人，其收受财物以及请托人给予其财物都是基于与国家工作人员关系密切的事实，这实际上符合利用影响力受贿罪的本质特征。二是对于介绍人只截留了部分行贿款的情形，此时贿赂被分为介绍人占为己有的部分和介绍人转送给国家工作人员的部分。对于国家工作人员不知情由介绍人占为己有的部分，与全部截贿类似，以利用影响力受贿罪论处。对于国家工作人员知情的部分，则要根据介绍人与国家工作人员关系以及主观意图的具体情况来分析，可能构成行贿、受贿犯罪的共犯。

关于单位受贿后将受贿财物予以集体私分的问题，操宏均博士指出，实践中存在以单位受贿罪和私分国有资产罪数罪并罚与以单位受贿罪一罪处理之争。他赞成后一种观点，并且认为集体私分行为作为量刑情节考虑即可，因为国有资产必须是合法资产，单位受贿取得的财物不属于国有资产，故不构成私分国有资产罪。此外，单位受贿后再将贿赂款私分，在理论上属于不可罚的事后行为。

**江苏省徐州市人民检察院党组成员、副检察长王琦**从受贿罪的保护法益入手，对受贿既遂“实际控制说”进行了分析。王琦副检察长认为，我国受贿罪的保护法益应为职务行为的不可收买性，“不可收买性说”能够合理涵盖各类受贿情形，如基于公正履职的受贿行为、事后受贿、虚假承诺受贿、“感情投资类”受贿等。受贿罪的实行行为系“具有职务关联性的收受、索取财物行为”，实践中“取得、控制财物”的既遂标准可以从理论上证成。

王琦副检察长指出，“取得、控制财物”的具体内涵，要根据一般的社会观念综合判断，行为人对受贿财物形成“稳定的实际控制”时，犯罪既遂。认定“稳定的实际控制”，要注意以下三点：一是意思联络、所有权是否转移、行为人是否对财物行使了民法物权、财物是否发生变更等事实，均属于综合判断的要素，但不是充分条件。二是“稳定的实际控制”与财产犯罪中占有的认定有相似之处，但因受贿罪的特征，占有的成立更为宽泛。三是“稳定的实际控制”强调稳定性，短暂的、易变化的控制，不宜认定既遂。

针对感情投资类受贿犯罪的认定问题，**贵州省开阳县人民检察院党组书记、检察长李德红**指出，“为他人谋取利益”要件是判断职务行为与财物的对价关系和限定犯罪圈的基本内容，而感情投资类受贿犯罪将“一事一贿”演变为“感情投资”长期利益输送，可能不存在“为他人谋取利益”的现时性。认定感情投资类受贿犯罪，其最主要标准为是否明知他人有请托事项，这是区分人情往来与感情投资型受贿的关键。若明知他人有请托事项并收受财物，则受贿人对权钱交易对应关系是具有明确认知的，视为对“为他人谋取利益”作出承诺。

**四川大学法学院教授韩旭**首先基于检校合作与刑事一体化思维对论坛举办表示肯定，并分别从四个方面与谈。第一，此次研讨会充分体现了理论与实务的结合，关注实际问题，对实践应用的指导性很强，比如司法认定感情投资型、预期收益型受贿等。第二，提前介入更多的是一种配合合作，而不是制约。第三，对于保障律师辩护权问题，这是体制性原因。在职务犯罪案件当中，律师要到审查起诉阶段才能介入，此时就更需要保障律师的辩护权。第四，关于职务犯罪证据审查问题，因为职务犯罪案件都是“三无”行为犯罪——无被害人、无攻击人、无犯罪现场，证明重点就是事实清楚，证据确实、充分，排除合理怀疑。

**北京市人民检察院第二分院职务犯罪检察部副主任、三级高级检察官吴瑞珊**认为，职务犯罪虽然涉及的罪名不多，但是难点很多，如受贿疑难问题不仅包括既未遂分歧，在预备和未遂的问题上也会存在争议，这种争议对案件的处理影响很大。在现有司法解释的体系下，为他人谋取利益不一定是实行行为，预备问题和未遂问题可能会影响是否追究刑事责任。但是如果一律否认为他人谋取利益的行为是实行行为的话，可能会在认定行为方面造成困扰。几种犯罪形态如预备、未遂、既遂如何界定的问题，都值得我们进一步地深入研究和探讨。吴瑞珊检察官提出，权钱交易到底是否包括权力与商业机会的交易，在多大范围、何种条件下认定为犯罪才符合现有立法框架存在较大争议，如国家工作人员为请托人谋利后，请托人为表示感谢将盈利业务交给国家工作人员的特定关系人办理。惩治职务犯罪重要且复杂，尤其是受贿犯罪，手段不断翻新，需要论证的点很多，有时候罪与非罪的界限相对清晰，但有时候又相对模糊。在这个过程中，需要适当地掌握一个平衡，但是总的来说要遵循刑法基本理论、基本规定，要保持刑法的谦抑性。

**重庆市人民检察院职务犯罪和经济犯罪检察部主任李光林**认为，贪贿犯罪中权钱交易看起来很简单，但是典型行为模式之外的非典型行为模式，往往伴随权钱交易方式间接化、权钱交易民事化、利益输送市场化，很难直接肯定此类行为属于化公为私、权钱交易。这些是新时代发生的问题，但也是推进新时代职务犯罪检察高质量发展的一个重要突破口，即提升准确认定新型、隐形犯罪的能力。李光林主任结合办理职务犯罪案件的经验，认为办好疑难的贪贿案件要注意以下几个问题。一是严格处理好司法中的关系，构建更有效配合、更有力制约的监检关系。二是处理好司法逻辑和人民群众对公平正义的基本认知之间的同频共振，案件认定要符合常识、常理、常情。三是注重区分认识问题与证据问题。

**华东政法大学纪检监察学院教授魏昌东**认为，近几年来，在实践当中特别是监察机关独立行使对腐败犯罪的调查权之后，随着腐败治理的强度提高，部分腐败分子为逃避查处，腐败的异化趋势、频率强度也越大，因此新型隐形腐败便成为了我们必须要面对的现实问题。如何更好认定新型、隐形腐败犯罪，魏昌东教授提出建议：一是在办理新型、隐形腐败过程当中，一定要明确坚持罪刑法定的基本原则。二是对具体行为内容的判断，不应当将实践当中的形式性权力当作一种职权或者职务，职权应当是实际的或者对行为内容能产生实际影响力的。三是增强对法律的解释能力，通过合理解释法律让认定犯罪既合法又合理。四是准确理解好高质效办理职务犯罪案件的核心要义。

**于改之教授**总结道，针对实践中职务犯罪的疑难问题，本单元的研讨都有不同程度的回应，对处理相关职务犯罪具有非常重要的启发意义。另外，职务犯罪中的共犯问题、洗钱罪中的罪数问题也值得深入研究，要深究犯罪故意、主观明知等问题。

专题研讨之四：渎职案件办理疑难问题

本专题由**西南政法大学法学院教授、中国刑法学研究会副会长梅传强**和**广西壮族自治区人民检察院职务犯罪检察部主任何文凯**主持。

**最高人民检察院刑事执行检察厅副厅长徐伟勇**探讨了检察侦查实践中的典型性的问题。一是如何构建符合检察侦查工作特点的工作机制之问题。如何将检察院作为法律监督机关的宪法定位体现在检察侦查制度中，如何打造有别于其他侦查机关，具有检察特色的侦查工作机制，这既需要实务工作者的探索，也离不开理论界的指引。二是滥用职权罪和玩忽职守罪应如何区分之问题。关于两罪的区分标准，徐伟勇副厅长倾向于以侵害国家机关正常活动的心理态度作为区分二罪的标准，但这也衍生出重大损失在滥用职权犯罪过程中的定位，以及滥用职权罪因果关系的认定等具有重大实际价值的复杂理论问题。三是如何准确把握玩忽职守罪的追诉门槛，合理划定罪与非罪的界限问题。任何人在职业生涯中都难免疏忽大意，如果唯结果论，只要达到立案标准规定的数额，便一律追究犯罪，反而会扼杀行业的生命力与积极性。而若在主观过错的程度上加以限制，是按照社会上的一般人、专业行业内的一般人，还是行为人的标准评价过错程度，尚需法律规范或理论上的充分支撑。四是关于尚可挽回的经济损失，能否视为立案时确已造成的经济损失之问题。若答案一律为否，可能会导致实践中渎职行为人是否构成犯罪，取决于侦查机关立案速度与涉案单位追回损失速度的对决。这并非完全公平合理。故而，研究时需要对实践中存在的各种经济损失进行类型化，并在此基础上深入研究。五是如何界定民事枉法裁判罪中的“枉法裁判”，“枉法调解”是否属于“枉法裁判”之问题。调解并非单纯的私权处分，本质上人民法院依然是在行使实体裁判权。因此，在调解中发生的滥用事实证明权、司法确认权的行为，以及违背当事人意思进行调解，如虚假强迫的调解之行为，能否纳入民事枉法裁判罪的规制范围，便值得研究。

**湖南省常德市人民检察院党组书记、代理检察长王洪涛**分享了机动侦查案件办理过程中的证据收集审查方法。一是证据的针对性。机动侦查的案件与职务犯罪案件均有利用职权实施犯罪的行为特征，甄别的关键在于犯罪行为的方式和所侵犯的法益不同。二是证据的全面性。要特别注意围绕行为活动的各类中心现场，全链条收集、构建证据体系。三是证据的合法性。从立案程序来讲，本案的立案侦查过程存在一个从“他查”到“我查”的变化。公安机关已经立案并且收集的部分证据，必须符合合法性、真实性、关联性要求，检察院才可以依法运用。四是证据的完善性。在这类案件的办理过程中，收集证据、审查证据要遵守“从客观到主观”的认定方法和“由证到供”的审查路径。五是证据的延伸性。应从治罪到治理，做好办案的“后半篇文章”。法治建设既要抓末端、治已病，更要抓前端、治未病。

**西南政法大学法学院教授陈伟**以“司法工作人员渎职犯罪的疑难问题与解决”为题，对在渎职类犯罪案件的办理中，需要进一步关注的四个方面问题发表了看法。第一，分属不同管辖之下带来处理结果不同问题。《监察法》和《刑事诉讼法》对管辖权的规定不尽相同，加之“四种形态”和形态间的转换等，即便同样使用的是实体法的刑法规则，实践中也会出现不同管辖程序带来的后果却并不完全一致。第二，因渎职引发的追诉时效问题时有争议。一方面，为避免混淆犯罪与刑罚，判断追诉时间的“法定最高刑”是完整的法定刑而非考虑了量刑情节后的法定刑。另一方面，作为追诉时效起算时间点的“危害结果”，不包括渎职行为所引发的后续行为所导致的危害后果。第三，渎职行为认定中的刑法因果关系问题。在现有因果关系的理论下，如何实现妥当性的处罚，其中一个重要判断标准是，某一行为对结果的贡献度是不是已经大到用刑法来处罚也是妥当的。第四，渎职犯罪的刑罚裁量与定罪免刑处罚。在没有厘清《刑法》第 13 条和第 37 条之间的内在关系之前，去扩大第 37 条“定罪免刑”的使用可能会带来很多层面的问题。要从社会危害性角度审视是否有必要启动刑罚，对于通过党纪政纪处分等形式能够实现处罚目的和犯罪预防的，入罪更应谨慎；而对于社会危害性大，采取非刑罚性处置措施无法实现处罚目的和犯罪预防的，则不宜“定罪免刑”。

针对滥用职权罪的结果归责问题，**河南省周口市川汇区人民检察院检察委员会委员、第二检察部副主任王玥**指出，行为对职责义务的违反只是表象，违反职责义务的行为为介入者实施危害提供了行动理由或制造了机会才是实质。“重大损失”是表明滥用职权行为中原本已经存在的某种危险已增大到可罚程度的非典型的构成要件要素，是能够客观归责于滥用职权行为的危害结果。

王玥副主任认为，从刑事政策的角度看，由于滥用职权罪的法定刑较低但法益保护的重要性较大，有必要对本罪的结果归责作相对宽松的要求。违反职责义务制造或升高了法益侵害危险的滥用职权行为是归责的重心，对行为所具有的法益侵害危险的预见可能性是归责的最外部边界，规范保护目的划定了归责的清晰的范围。只要滥用职权行为对结果的作用效果未终结，行为人对滥用职权行为所具有的危险具有预见可能性，所发生的具体结果处在规范保护目的范围之内，即可肯定结果归责。王玥副主任建议，有必要运用类型化思维，将不同的案件分别归入是否具有重大损失结果、是否违反相关义务、是否具有预见可能性以及是否处在规范保护目的内等类型，通过细化各个归责类型下的具体规则，使得滥用职权罪的结果归责模式更加具有有效性和可操作性。

**北京大学法学院崔涵博士**分析了过失监管型渎职犯罪的归责路径。第一，应当从事实归因的角度转向规范规则。我们可以肯定案件在事实层面上的因果关系——只要能够尽到履行职责的义务，必然就不会发生结果——但实际上我们可能需要从事实归因的角度转向规范规则。第二，被监管人才是直接正犯。崔涵博士认为，对承担监督、管理职责的国家机关工作人员的要求是，通过充分、有效地监督管理，防止行政相对人创设的风险转化为重大损失后果。当风险存在时，国家机关工作人员只能扮演外部监管者的角色，国家机关工作人员不可能代替生产的单位或者个体去消除风险。在这个意义上说，被监管人是真正的直接正犯，国家机关工作人员在其中扮演的角色更像过失帮助犯。第三，何为刑法中的渎职行为，存在探究的余地。崔涵博士指出，刑法理论上对渎职问题的判断，应该坚持适度“容许风险”，不仅要看损失结果，还要分析是否违反了注意义务，有无渎职行为。如在开展日常风险排查工作中，是否构成渎职需要运用利益衡量方法进行判断，可能入罪也可能不入罪。

专题发言结束后，进入与谈环节。**广东省广州市人民检察院第三检察部主任鄢静**围绕渎职（徇私枉法罪）案件办理疑难问题作了以下分享。第一，徇私枉法罪主体认定问题。提倡“职权干预说”，因为《刑法》第399条关于徇私枉法罪的规定并未将主体资格限定为“具体职权人”。从立法原意看，徇私枉法罪保护的是司法工作的公正性和纯洁性，故不论破坏司法公正的是具体承办人，指示、指挥承办案件的人还是通过其他方式干预办案、导致案件不能公正办理的其他司法工作人员，都属于该罪的适格主体。第二，如何认定《刑法》第399条规定的“有罪的人”？如，司法工作人员从赃证中心调出物证进行伪造，重新鉴定后发现，即便不伪造物证，前案行为人也不构成犯罪，对该司法工作人员如何认定？“法院定罪说”主张从实体定罪的角度出发，主张只有当前案行为人已被法院依法判决有罪，才能认定其为“有罪的人”，“正式立案说”从程序角度提出，认为前案行为人被立案侦查，即可视其为“有罪的人”。她提倡“阶段性证据说”，她认为，既不能从实体定罪的角度理解为“已定罪之人”，也不能从纯粹程序性的角度理解为“已立案正在被追诉之人”，应当根据刑事诉讼分阶段逐步进展的本质特征，同时从实质和程序两个维度判断是否属于“有罪的人”。具体来说，在徇私枉法行为实施时，只要存在阶段性的证据满足前案所处刑事诉讼阶段的证明要求，应当对前案行为人启动相应诉讼程序，该行为人就可以被认定为“有罪的人”。第三，徇私枉法“故轻故重”的判断问题。实务中，对审判阶段“重罪轻判”“轻罪重判”的“故轻故重”型徇私枉法审查判断存在模糊性。如，将2年实刑改判3年缓刑，应当认定为“重罪轻判”还是“轻罪重判”？鄢静主任认为，宣告刑与刑罚执行方式同属刑罚轻重的判断维度，且相对独立，徇私枉法之“判”应当在处刑过程中按照“量刑—刑罚执行方式”两个阶层分别判断是否存在“故轻故重”的情形。在一个维度上重判，另一个维度上轻判的，只要存在枉法的前提，可成立“并存型”徇私枉法罪。

**华东政法大学刑事法学院教授焦艳鹏**从刑法体系的角度，结合刑法理论以及其对司法实践的认知，谈到了以下看法。第一，渎职类犯罪作为刑法分则第九章当中的一个类罪，它所保护的法益是明确的，旨在保护国家公职的合法、公正、有效执行以及国民对此的信赖，不公正地履行职责、不合法地履行以及不正确履行、不履行应当履行的职责，都有可能构成渎职犯罪。第二，渎职类犯罪在整个刑事立法过程当中，充分利用了类型化思维。《刑法》第 397 条之后的条款和第 397 条之间是否是相互涵盖的关系？一种行为没有达到司法解释中特殊的滥用职权罪、玩忽职守罪的成立标准，却达到了第 397 条普通条款的成立标准，那么应当按照第 397 条认定为普通的滥用职权罪或玩忽职守罪。

**最高人民检察院检察理论研究所助理研究员、《中国刑事法杂志》责任编辑高磊**认为，关于检察侦查，“查权”源于“诉权”，“查”以“诉”为目的，检察机关作为代表公共利益的“起诉人”，天然具有侦查属性，自身保留侦查权、监督其他机关的侦查活动、提前介入其他机关的侦查活动具有法理基础。检察侦查要做到“务必搞准”，须坚持法定原则，务必搞准法定条件；坚持证据为王，务必搞准证据审查；坚持程序正义，务必搞准诉讼程序。关于渎职犯罪，在介入因素的场合，犯罪主体具有保护个案中公共财产、国家和人民利益的具体职责且渎职行为被利用的，可归责于该犯罪主体；区分党纪责任和法律责任，不宜将党纪责任判断标准直接套用于法律责任；司法工作人员渎职犯罪治理，应当与司法责任制、司法人员惩戒制度、司法人员职业保障结合起来。

与谈环节结束后，梅传强教授对诸位嘉宾的观点表示了赞同，并以实践案件为例，强调了在办理渎职案件的过程中，犯罪所得的数额、追诉时效的起算时间、因果关系的建立与中断等问题的认定难点与重要性。然后，进入了自由讨论环节。

在自由讨论环节，与会人员踊跃提问，所提主要问题包括“人民法院、人民检察院和公安机关分工负责、互相配合、互相制约原则和检察机关的法律监督权之间的关系如何理解”，“职务犯罪在涉案财物处置方面的程序适用如何进一步规范”，“受贿案件的既未遂难题如何破解”等。魏昌东教授和梅传强教授针对问题逐一发表了见解。

## 闭幕式

研讨会闭幕式由**西南政法大学法学院院长、教授张吉喜**主持。**西南政法大学法学院刑法学科负责人、教授石经海**与**张晓津厅长**先后对研讨会进行了总结发言。

张吉喜院长表示，本次研讨会从四个专题对职务犯罪检察实务及相关问题进行了深入研讨，在四个专题研讨当中，发言人、与谈人与主持人通过各种方式发表了自己的见解，研讨会紧凑热烈精彩。

石经海教授认为，就如何通过高质效办好职务犯罪案件服务反腐败工作大局，本次研讨会达成了以下三方面共识。一是坚持刑法的基本原则，做到职务犯罪的定罪量刑既合法又合理；二是坚持刑事一体化原则的要求，做到程序与实体、事实与证据规范的相互支撑、相辅相成；三是坚持宽严相济的刑事政策，做到从治罪到治理的转型。

张晓津厅长表示，此次研讨会旨在深化职务犯罪检察理论和实践融合互促，为高质效履职办案提供理论支持和实践指引。会议在以下三个方面取得了成果：一是评选出的优秀论文有利于指导办案实践；二是通过四个专题的研讨，促进最大限度地达成共识，形成了解决问题的路径；三是加深了检学之间的合作，有利于提升职务犯罪检察队伍专业化水平。随着反腐败斗争进入新阶段，职务犯罪出现一些新情况新特点，给司法实务提出了新挑战，如何依法准确认定犯罪、如何更加有力配合有效制约、如何着力铲除腐败滋生的土壤和条件，还需要学界和实务界不断地总结和研究。希望延续好这样一个检学研平台，提供更多理论成果，促进职务犯罪检察工作高质量发展，进而更加有力服务反腐败工作大局。

Shiwu Yanjiu

# 实务研究

# 昏睡型抢劫疑难争议问题研究

李革明　宋　驶*

我国《刑法》第263条规定的“其他方法”，是指对被害人采取暴力、胁迫以外的使被害人处于不知反抗或者不能反抗的方法。[①]实践中，一般表现为使用药物、酒精等将被害人置于昏睡状态，使被害人失去反抗知觉，然后掠走财物，通常称之为昏睡型抢劫。由于昏睡型抢劫的一些手段行为并不呈现出明显的暴力胁迫特征，其导致的危险状态呈现渐进性和过程性特点，以致在认定昏睡型抢劫罪的犯罪形态等问题上出现争议，需要厘清。

## 一、昏睡型抢劫的具体类型和价值考量

判断行为能否构成抢劫罪的标准，通说一般以行为人采取的手段“能否达到足以压制被害人反抗程度”为判断基准，将“压制被害人反抗程度”抽象概括为被害人处于“三不状态”，即不敢反抗、不能反抗和不知反抗。一般来说不敢反抗主要指被害人主观不敢，屈服或者彻底放弃抵抗于行为人的暴力、胁迫等强制性行为之下。不能反抗则为被害人客观不能，即被害人在行为人的压制下被制服，失去反抗能力或者逃离现场。不知反抗则作为客观不能的一种特殊样态，一种无

* 李革明，安徽省人民检察院第二检察部主任、三级高级检察官；宋驶，安徽省人民检察院第二检察部三级检察官助理。

① 参见陈兴良、刘树德等：《注释刑法全书》，北京大学出版社2022年版，第1337页。

意识支配下的客观不能。

从实践中发生的昏睡型抢劫犯罪案例看，该类型抢劫可能符合抢劫罪中不知反抗和不能反抗两种情形。当酒精、药物等发作使被害人呈重度中毒状态以致神志不清，毫无知觉程度，即属于不知反抗情形；使被害人处于中度中毒状态，意识尚存，但自控能力减弱，无力反抗，即属不能反抗情形，本文重点分析昏睡致不知反抗情形。从类型上看，昏睡型抢劫可以分为三种类型：一是强制逼迫型。采用暴力强行灌酒、灌药或者以暴力、威胁等方式强制被害人自行喝下。二是欺骗引诱型。即采用非暴力的“欺骗、引诱”方式让被害人自行喝下。三是趁人不备型。以隐蔽方式在饮品中添加药物，被害人不知情喝下。

除第一种强行灌酒喂药情形可能涉及暴力、胁迫情形外，其他两种情形基本不涉及暴力、胁迫等方法所具有的身体强制和精神强制特点，而且实践中昏睡型抢劫更多采用的是欺骗、引诱这种平和方法。一般来说不敢反抗和不能反抗情形有助于我们理解和把握抢劫罪行为的本质特点——足以压制被害人反抗的暴力胁迫程度。对于这种欺骗引诱型和趁人不备型手段致被害人昏睡不知反抗的手段方法，何以达致“足以压制被害人反抗程度”判断标准，从而以抢劫罪予以定罪处罚？从立法角度考虑，笔者以为“其他方法”应当符合兜底条款性质所应有的相当性原则，同时不应偏离抢劫罪的行为构造和侵害法益特点。抢劫罪侵犯的是复合法益，即财产权和生命健康权。因此在理解“其他方法”时必须立足于行为人的行为既侵害公私财产，又造成财物所有者、占有者、保管者生命健康的损害结果或者具有造成上述结果的危险性。

笔者以为，昏睡型抢劫中酒醉、药物麻醉等手段之所以能取得与暴力、胁迫等手段相当性的地位，原因有三：一是此类手段的不可控性。实践中行为人为达到非法占有财物目的，极有可能通过使用过量药物或者酒精类物质，以使被害人陷入不省人事之昏睡状态，导致被害人生命健康法益受损或处于危险状态。二是后果风险的难以预料性。此类手段导致被害人陷入神志不清之状态后，被害人进而可能会失去自控自救能力，极易引发不可预测的严重危害后果。司法实践中已有多起被害人因药物、酒精中毒后因自控自救能力减弱后溺死、摔死或者被车辆撞击致死案例。三是强制程度相当性考虑。昏睡型抢劫手段行为虽是采用非物理方法控制被害人精神、意志、自由的行为，但对被害人行为和精神的限制，已达到使被害人不能反抗的境地，控制程度与实施暴力、胁迫效果基本一致，即限制了被害人身体机能，严重侵犯被害人人身权，无异于通过暴力手段抑制被害人的反抗。

如此设置，在犯罪预防方面也具有重要意义。一是昏睡型抢劫的作案多为预谋甚至多人预谋配合犯罪，如准备犯罪工具、选择犯罪对象和场所并诱骗该对象至该场所等，行为人往往都考虑了比较细致周全的行动策略及应对侦查之策。利用被害人没有知觉情况下占有财物，现场不仅难以留下作案痕迹，而且被害人往往因药物或酒醉出现记忆模糊，难以陈述被害事实经过，以致案件侦破难度大，证据链条难以形成。二是酒醉、药物麻醉等这种作案手段简便易行，且隐秘不易被他人察觉，极易被潜在的犯罪分子模仿和利用。

## 二、昏睡型抢劫认定的难点重点问题

### （一）犯罪着手认定问题

普通型抢劫罪的着手一般以行为人开始使用暴力或胁迫为判断标准，行为特征具体明显，比较容易判定。而绝大多数昏睡型抢劫犯罪基本上都有一个谋划商议、准备作案工具（购置药物或者酒类）、接近犯罪对象的渐进过程，因此在认定着手问题上存在一定争议。犯罪着手问题是区分犯罪预备和犯罪实行的临界点，深刻影响对行为人定罪量刑，有必要在遵循主客观相统一原则基础上，结合昏睡型抢劫犯罪特点进行具体分析，予以准确认定。笔者以为，可以从以下四个方面进行具体分析：首先，要考虑该行为有无明确的犯罪意图；其次，该行为是否实际接触或者接近犯罪对象；再次，该行为是否对犯罪的直接客体造成威胁；最后，该行为是否能够直接引起危害后果的发生。

上面四个判断标准的核心是分析行为有无直接导致结果发生的紧迫危险，有观点认为，昏睡型抢劫罪一般分为谋划商议、准备作案工具、邀约诱骗至作案地点或者接近犯罪对象、实施放入药品至容器或诱骗被害人饮下、抢劫财物等阶段，前三个阶段并不能直接对被害人人身和财产法益造成紧迫危险，无法直接引起危害后果的发生，进而认为应当以被害人将要喝下药物或者开始饮酒作为着手的判断标准。笔者认为，该观点对于着手的认定过于迟延，不利于被害人权益的保护。考虑到昏睡型抢劫具有渐进性、过程性、隐蔽性特点，在行为人邀约诱骗被害人至作案地点或携带作案工具接近犯罪对象时，该行为已经对犯罪对象产生一种急迫的危险，应当认定为“着手”。

（二）关于“压制被害人反抗程度”认定问题

正确认识“压制被害人反抗程度”必须达到抢劫罪不知反抗和不能反抗之标准，是区分实践中出现的以财物形式“赌酒”“拼酒”能否以昏睡抢劫罪定罪处罚的关键。在某些以财物形式“赌酒”“拼酒”类的案件中，有一个共同特点就是行为人利用被害人饮酒过程中的亢奋、赌博心理和疏于防范心理，辅之以言语、行为挑拨，怂恿被害人以所携带之财物作为赌注进行拼酒。被害人因不胜酒力处于意识减弱状态，并在此状态下处分了自己的财物，后被害人酒醒报案。笔者认为，此类案件中被害人意识虽有所减弱，但对自己的行为性质并非完全丧失认识，不符合昏睡型抢劫所应当具备的压制被害人致不能反抗和不知反抗的程度要求。行为人只是利用被害人认识上的错误或瑕疵，其行为不构成昏睡型抢劫罪，但可能构成民事上的不当得利。当然也有例外，根据此类案件的证据状况和行为人的主观意图，若能证明行为人是事先预谋设置圈套，利用这种方式诱使被害人参与赌酒的，则行为人有可能构成诈骗罪。

（三）关于结果加重犯的认定问题

结果加重犯的核心是考察分析基本行为，要求基本行为与加重结果之间必须满足直接性关联，强调加重结果本身就是基本行为高度危险的直接现实化。[①] 申言之，结果加重犯必须建立在基本行为之上，行为人必须实施了可能引发严重危险后果的基本行为。在昏睡型抢劫中，基本行为（昏睡手段）所造成的加重结果一般分为两种情况：一种是过量使用药物或酒直接导致被害人死亡或者健康机能受损，认定为抢劫罪结果加重犯实践中争议不大；另一种是药物、醉酒可能导致被害人醒后的一段时间内意识模糊，自控自救能力丧失或者明显减弱陷入一种不可控的危险状态。在该危险状态之下，因被害人自身行为，第三人行为或者特殊体质等发生伤亡后果。由于第二种情况出现因果关系发展流程上的介入因素，在将加重后果归属于行为人上，实践中易出现认识上的分歧。通说都是基于客观归责理论为出发点，从行为与结果之间的常态性（相当性）、介入行为的异常性和独立性，再结合案发时具体环境综合分析。不过该分析方法比较原则和抽象，笔者建议，在此基础上可以引入危险现实化理论，以便更好地把握昏睡型

① 参见张明楷：《刑法学》（上），法律出版社2016年版，第169—170页。

抢劫基本行为与加重后果之间的因果关系。

先行行为（基本行为）危险现实化分为直接现实化与间接现实化两种类型，能一体有效解决昏睡型抢劫中的两种加重结果因果关系问题。[①] 当先行行为中的危险直接现实化为加重结果时，危险的现实化过程未遭遇有力阻碍，可以适用直接现实化情形肯定直接因果关系。当在先行行为之后出现介入行为且该介入行为是加重结果形成的直接原因时，可以适用间接现实化情形进行分析。如果可以认定该直接原因是由先行行为所诱发，或者先行行为本身就蕴含着生成介入行为的危险，可以肯定危险现实化。即在先行行为形成的危险在向现实转化的过程中，介入的其他行为对于危险的现实化并未产生实质影响，可以肯定先行行为与结果之间具有直接因果关系。

必须强调的是，先行行为形成的危险必须是一种现实的危险状态，并已经开启了导向法益侵害的因果流程，而非预期可能发生的危险状态。预备行为只具有一种可期待的预期危险，不具有现实的实质紧迫性，不能直接对法益造成侵害结果或者具体危险状态，因此造成现实危险状态的先行行为只能是实行行为。[②]

## 三、昏睡型抢劫相关疑难案件的办理

在厘清上述重点难点问题之后，再来分析实践中发生的一起昏睡型抢劫案件的具体法律适用问题。该案例主要事实如下：2022年9月的一天，王某龙、吕某蓄商议将被害人王某约至王某龙家中灌醉，将王某手机拿走，吕某蓄负责卖掉。当天王某龙拨打王某手机无人接听

① 参见刘润泽：《管理过失中因果关系认定的反思与重构》，载《北京理工大学学报（社会科学版）》2023年第2期。

② 参见张明楷：《刑法学》（上），法律出版社2016年版，第336页。

未果。两天之后晚8时许，王某龙与被害人王某相约到沟塘钓鱼，其间，王某龙与吕某蓄联系，谎称已经拿到王某手机，让吕某蓄过来拿去卖掉。吕某蓄与收手机的人联系约定交易时间后，赶至沟塘边发现王某龙并未拿到手机。二人又商议以借王某手机照明为由把王某手机拿走丢在附近，并将王某龙手机扔给王某。王某发现不是自己手机，遂对二人搜身并在附近寻找，最终将手机找回。王某龙再次提出去买酒将王某灌醉将王某手机拿走，吕某蓄未明确表示拒绝。王某龙便向王某借电瓶车去买酒遭王某拒绝。接着王某龙又和吕某蓄商量要杀死王某，吕某蓄称不敢。后王某龙从沟边捡起一个空啤酒瓶子，往王某头部右侧砸，将王某拉入沟塘里，并摸王某口袋寻找手机。一旁的吕某蓄见状未予阻止和施救，离开现场到派出所报案。王某龙未找到王某手机，后不顾王某的危险状况上岸离开，导致王某溺水死亡。

本案对于王某龙构成抢劫罪结果加重犯无疑义，但在吕某蓄定性问题上分歧则比较大，争议的焦点主要有：一是本案中灌酒共谋预备行为、盗骗实行行为和暴力击打行为相互交织，是分段看还是整体看；二是盗骗实行行为之后紧接着再次预谋灌酒，能否视为达到产生紧迫危险的着手；三是本案中吕某蓄的先行行为能否导致被害人陷入现实的危险状态；四是吕某蓄在现场已知王某龙即将实施暴力并在一旁目睹了暴力的实施，其有无阻止和救助义务。基于上述四个方面的不同认识，实践中形成以下三种意见：

第一种意见认为，吕某蓄构成抢劫罪预备犯，且情节恶劣，应作为预备犯原则不处罚的例外情形给予刑罚处罚。首先，本案无论是主观故意，还是客观行为，三节事实均围绕非法占有王某手机而产生，特别是王某龙和吕某蓄的事前通谋行为，使三节看似独立的犯罪事实贯通成为一个前后紧密衔接的犯罪整体，吕某蓄、王某龙二人的共同行为对本案抢劫行为的发展直至最终结果的出现具有共同的原因力，共犯因果性使得吕某蓄在本案中不存在共犯脱离问题。其次，在承担的责任范围问题上，应当从共谋的具体内容和客观先行行为两个方面予以具体分析。本案共谋之内容系昏睡型抢劫，不涉及暴力取财。王某龙突然实施酒瓶击打行为，将王某头部摁入水中的暴力行为明显超出了王某龙、吕某蓄二人的共谋范围，王某龙的击打行为属“行为过限”。最后，从客观行为看，王某龙、吕某蓄虽然先后实施了多个先行行为，但这些先行行为都比较轻微平和，主要针对是财产，且吕某蓄始终处于配合、协助王某龙地位，两次共谋行为还均处于预备阶段。因此吕某蓄的先行行为不可能导致王某陷入危险状态或者使王某陷入需要保护的状态，即上述先行行为并未使吕某蓄产生阻止王某龙的暴力升级行为和履行救助王某的义务，吕某蓄对王某龙的杀人行为不承担责任，其只对其抢劫预备阶段的行为承担责任，仅构成抢劫罪的预备犯。

第二种意见认为，吕某蓄构成抢劫罪基本犯。王某龙与吕某蓄系共同抢劫，在王某龙实施杀人行为过程中，吕某蓄虽未参与，但其在案发现场并明知王某龙实施暴力情况。从结果回避角度看，吕某蓄有报警行为，表明其对王某龙的暴力行为是持否定态度的，王某龙的暴力行为可以认定为共同抢劫中的“实行过限”行为。但结合两人曾两次共谋抢劫，创设了一定风险，二人又是在案发现场且是在作案的过程中商议抢劫，已对王某人身及财产法益产生了实质性的紧迫危险，应当视为抢劫行为的“着手”，本案的预备阶段已结束，现场商议抢劫行为标志着王某龙、吕某蓄二人的共谋抢劫行为进入实行阶段。[①]

① 参见张明楷：《刑法学》（上），法律出版社 2016 年版，第 339 页。

最高人民法院相关司法解释提示，“事前与盗窃、抢劫、诈骗、抢夺等犯罪分子通谋……以共犯论处”。根据刑法“举重以明轻、举轻以明重”的法律适用原则，既然事前通谋都能构成相关犯罪的共犯，那么在案发前通谋就更应该构成相关犯罪的共犯。另，本案就王某龙而言，其抢劫预备再到实施暴力抢劫，中间过程极为短暂，考虑到抢劫加重犯必须建立在抢劫基本犯之上，本案可以认定吕某蓄构成抢劫罪的基本犯，王某龙另起的通过杀人劫取财物的行为系“实行过限”，其不承担刑事责任。

第三种意见认为，本案中吕某蓄构成抢劫加重犯共犯。从案件发生过程，吕某蓄与王某龙预谋的次数、内容、帮助销赃等综合因素分析，吕某蓄与王某龙以非法占有为目的，合谋劫取被害人手机，并事先通谋销赃，吕某蓄与王某龙构成抢劫共同犯罪。王某龙对被害人实施暴力劫取手机时，吕某蓄站在一旁，未采取任何阻止和施救措施，虽到派出所报警，但未能有效阻止被害人死亡的后果发生。本案中吕某蓄是否直接实施暴力行为，不影响其与王某龙共同对被害人死亡后果承担刑事责任，且属抢劫加重犯既遂。首先，本案中吕某蓄、王某龙二人行为始终围绕同一目标成为一个犯罪活动整体，整个犯罪过程中，二人共同谋划、相互配合、分工明确。从正犯结果因果性角度看，吕某蓄的先行参与行为对王某龙实施暴力行为至少具有心理上的帮助作用。吕某蓄虽有报警行为，但其在案发现场没有为防止王某龙实施暴力抢劫而采取任何预防措施或其他行动，没有付出真挚的努力来切割自己先前行为与后来抢劫之间的因果关系，也未能有效阻止本案抢劫后果的发生，[①] 从而解除自己与王某龙之间的共犯关系。其次，相当

---

① 参见刘艳红：《共犯脱离判断基准：规范的因果关系遮断说》，载《中外法学》2013 年第 4 期。

性原则使抢劫罪中“其他方法”同样具有实施暴力使他人陷入高度危险状态的作用。从概括故意角度分析，共谋灌酒形成的严重后果危险并不完全排斥死亡后果的发生。本案中，吕某蓄的一系列共谋参与行为使被害人王某陷入高度危险状态，在法律上已产生其对被害人处于危险状态的救助义务，特别是吕某蓄在案发现场获知王某龙即将实施暴力的事实，共谋事实与现场知情事实的叠加，进一步升高了吕某蓄承担防止抢劫行为严重危险后果发生的义务。因此，当被害人王某面临紧迫的生命危险时，吕某蓄基于对被害人死亡后果放任的主观态度，在场能够救助而没有救助，最终导致被害人死亡。吕某蓄具有概括的放任故意，应当对王某的死亡结果负责。

笔者同意第二种意见，即吕某蓄构成抢劫罪基本犯。但不赞成该意见中对抢劫着手的认定。首先，本案在王某龙实施暴力行为之前，吕某蓄、王某龙二人的两次昏睡型抢劫仅处于商议谋划阶段，即便考虑已接近犯罪对象，确有时空上的紧密性，但本案实施昏睡型抢劫最起码的“作案工具”——酒都尚未购置，何谈着手灌酒之风险，共谋商议行为不可能产生紧迫的实质危险，仅构成预备行为。一次盗骗行为虽然属于犯罪实行行为（未遂），但该盗骗实行行为本身并不严重，也不蕴含生成所谓介入行为（本案表现为王某龙的击打行为）的危险，且随后又被再次商议灌酒的预备行为所隔断，盗骗实行行为难以成为王某龙抢劫罪结果加重犯的基本行为。因此，王某龙实施的暴力行为应当视为一种新的抢劫犯意，且超出了王某龙、吕某蓄二人的先行共谋范围。对于吕某蓄而言，其只应对其预备行为和盗骗行为可能涉及的法益侵害承担责任，王某龙实施过限行为所制造的法益侵害显然不在此范围内，不应要求其对此负责。

其次，吕某蓄明知王某龙实施了超出共谋的暴力行为，其既不积极参与也未加以阻止，作为王某龙实行过限行为的知情者，其在案发现场应当预见到王某龙暴力行为可能造成的危害后果，其是否承担避免该结果发生的作为义务。这就必须考虑吕某蓄所参与的先行行为与过限行为之间的关联性、先行行为侵害法益的程度严重性和是否对过限行为的发生起到促进和引导作用，综合分析吕某蓄在过限行为中有无阻止和救助的作为义务。本案中吕某蓄所参与的共谋预备行为及盗骗实行行为均非常轻微，与王某的暴力行为关联性也不大，并未使被害人陷入一种无助的危险状态或者需要保护的状态，从主观上看，吕某蓄在案发现场的拒绝参与和随后的报警行为表明其对王某龙暴力行为是持否定态度，两人并无暴力犯意上的勾连。从客观行为特征看，吕某蓄虽有在场行为，但这只是先行共谋和盗骗共同犯罪行为的附随状态，[①]不能被视为一种帮助行为。因此，本案中吕某蓄没有阻止和救助的作为义务，其不构成不作为抢劫结果加重犯共犯。

最后，本案认定吕某蓄构成抢劫基本犯只能从共犯从属性理论中寻找处罚依据。其一，刑法理论通说认为结果加重犯的本质在于行为人实施了具有引发严重后果危险的基本行为，当行为人并没有共同实施具有高度危险的基本行为，只是其中部分行为人的行为引发了加重结果，那么就应当以基本犯罪的共犯予以处置。[②]其二，最高人民法院《关于审理掩饰、隐瞒犯罪所得、犯罪所得收益刑事案件适用法律若干问题的解释》第5条规定，事前与盗窃、抢劫、诈骗、抢夺等犯罪分子通谋，掩饰、隐瞒犯罪所得及其产生的收益的，以盗窃、抢劫、

---

① 参见姚诗：《先前行为与实行过限下知情共犯人的刑事责任》，载《法学研究》2013年第5期。

② 参见王若思：《抢劫罪结果加重犯共同犯罪认定研究》，载《法治社会》2022年第1期。

诈骗、抢夺等犯罪的共犯论处。本案中，吕某蓄事前与王某龙共谋抢劫，其负责帮助销赃，符合该司法解释以抢劫罪共犯论处之规定。其三，符合共同犯罪要件规定。吕某蓄事前与王某龙通谋帮助销赃，主观上明知王某龙抢劫犯罪的内容及危害后果，两人业已形成共同犯罪之故意。客观上吕某蓄实施了与收购者约定销赃，去案发地点收取赃物等辅助行为，吕某蓄虽然没有实施直接帮助王某龙实施抢劫的实行行为，但毫无疑问，其参与的共谋商议、约定销赃、到案发地点取赃及协助盗骗等行为对王某龙抢劫行为的发展及结果的发生起到了心理上的帮助和精神上的推动作用，应当以抢劫罪基本犯论处。

# 受贿后及时退还或上交财物的司法认定探析

赖权宏　刘　帅*

2007年，最高人民法院、最高人民检察院出台《关于办理受贿刑事案件适用法律若干问题的意见》(以下简称《意见》)，在第9条第1款规定“国家工作人员收受请托人财物后及时退还或者上交的，不是受贿”，并在同条第2款规定了对因被查处而退还财物的仍作为受贿罪处理的例外情形，即“国家工作人员受贿后，因自身或者与其受贿有关联的人、事被查处，为掩饰犯罪而退还或者上交的，不影响认定受贿罪”。该司法解释的出台回答了实践中受贿人收受财物后及时退还或上交行为的定性问题，为办理贿赂犯罪案件更好贯彻宽严相济刑事政策和罪责刑相适应原则提供了又一种有价值的制度路径。但是，司法实践中关于收受财物后退还或上交的行为究竟属于认罪态度、积极退赃等量刑情节，还是与传统刑法犯罪既遂理论不符的特殊出罪事由，理论探讨仍不充分。另外，对于“及时”如何理解把握，实践分歧也比较大。一些案件中，收受财物后及时退还或上交行为的定性问题对案件定罪量刑具有重大影响，往往成为控辩双方争议的焦点问题。因此，有必要对“收受财物后及时退还或上交”(以下简称收受财物后及时退还)行为的法律适用问题进行深入探讨，以更充分地实现该司法解释的制度价值。

---

* 赖权宏，四川省达州市人民检察院党组书记、检察长；刘帅，四川省人民检察院政治部干部二处一级主任科员。

## 一、"及时退还"三种常见处理模式评析

对于收受财物后及时退还是否作为受贿罪处理的问题，实践中存在"无罪模式""主观无罪模式"和"从宽处理模式"三种常见处理模式。"无罪模式"主张，行为人收受财物后及时退还（因相关人员被查处，为掩饰犯罪而退还的除外），不论行为人是否具有受贿的主观故意，均不作为受贿处理；"主观无罪模式"主张，只有行为人主观上没有收受财物的故意且收受财物后及时退还，才不是受贿；"从宽处理模式"主张，收受财物后及时退还仍应作为受贿处理，不过一般应当从宽处理。以上三种模式各有利弊，以下予以简要评析。

### （一）"无罪模式"

"无罪模式"对国家工作人员除因被查处之外的其他主动退还财物的情形，一律不作为受贿处理，符合《意见》第9条第1款的字面含义。不过，该做法与受贿罪既遂的刑法理论存在冲突。通常认为，故意犯罪有预备、未遂、中止和既遂四种停止形态，一旦犯罪行为结束后，其停止形态就不会再发生改变。受贿罪作为具有财产属性的犯罪，财物的交付是判断犯罪既遂的通常标准，即一旦交付财物即构成受贿既遂。"无罪模式"则意味着，受贿既遂后仍可认定为无罪，与通常的刑法既遂理论冲突。换言之，"无罪模式"有限缩刑法打击面之嫌。不过，该模式在司法实践中具有一定的积极效果。它否定了被"及时退还"财物的赃物性质，可以减少全案受贿犯罪数额的认定，相对减轻国家工作人员的罪责，更易被该国家工作人员理解和接受，因而有利于降低控辩对抗强度。正如有学者所言，"无罪模式"的合法性存疑，但具有显著的政策有效性，并且是有利于被告人的处置方案。[①]

① 参见孙道萃：《"收受财物后及时退还"的刑法教义分析》，载《江汉学术》2017年第1期。

（二）“主观无罪模式”

“主观无罪模式”强调考察国家工作人员行为时的主观心态，对于没有受贿故意或者不明知收受的是财物的，不认定为受贿。典型的主观无罪情形有两种：一种是事后知情并及时退还财物。例如，行贿人谎称所送的是水果、糕点、茶叶等物品，但是实际上包装内藏有大量现金等财物，国家工作人员事后发现并及时退还的。另一种是当面拒收不能，事后及时退还。例如，行贿人将财物放在国家工作人员办公场所后迅速离开，国家工作人员来不及当面退还的。以上两种情形，“主观无罪模式”均不作为犯罪处理。与之相对应，“主观无罪模式”还主张，对于有收受财物故意的，不论是否及时退还财物，均是受贿。“主观无罪模式”符合受贿罪的构成要件要求，较好地把握了受贿罪是故意犯罪的特征。不过，该处理模式一方面对司法解释的理解过于僵化，不能充分发挥宽严相济刑事政策“宽严有度，宽严审时”[①]的效果；另一方面在实践中容易诱发国家工作人员产生投机心理，助长通过辩解不知情而获得无罪处理的投机心理，有妨碍打击犯罪之嫌。

（三）“从宽处理模式”

“从宽处理模式”关注是否有及时退赃的实际行为，对于及时退还财物的，主张一律从宽处理。相比拒不退赃的情形，及时退还收受财物的行为在一定程度上减少了犯罪产生的社会危害，对其予以从宽处理具有一定的合理性，与罪责刑相适应的刑法原则总体一致。不过，“从宽处理模式”不区分国家工作人员收受财物和退还财物的主观心态，司法理念过于粗糙，与司法专业化、精准化的时代要求相悖。同

① 宽严相济的刑事政策包括如下内容：该严则严，当宽则宽；严中有宽，宽中有严；宽严有度，宽严审时。参见马克昌：《宽严相济刑事政策研究》，清华大学出版社2012年版，第75—81页。

时，不分情形的一律从宽，与“当宽则宽，当严则严”的宽严相济刑事政策不符，容易放纵犯罪分子，损害法律威严。[①]

综上，三种常见处理模式有的不考察国家工作人员行为时的主观心态，有的只考察国家工作人员收受贿赂时的主观心态而不考察行为人退还财物时的主观心态，有的只注重考察行为人是否有退赃行为，均缺乏对行为人收受财物和退还财物两个不同阶段的主客观方面的全面把握和评价。而且，上述三种模式均在一定程度上与宽严相济刑事政策不符，难以实现政治效果、法律效果和社会效果有机统一，不利于反腐败工作权威高效依法开展。

## 二、“及时退还”的三个常见认识误区

### （一）误区一：将“收受财物后及时退还”等同于没有受贿故意

不论是理论界还是实务界，均有人认为“及时退还的本质是无受贿罪故意”[②]。这种主张正是前述“主观无罪模式”的理论依据。“主观无罪模式”重点关注是否有受贿故意，即只要没有受贿故意，收受财物的行为就不是受贿。反之，只要有受贿故意，不论是否“及时”退还，均是受贿罪。笔者认为，这种主张限缩了司法解释的适用空间，且与出台司法解释的初衷相悖。这是因为，受贿罪的主观方面是故意早已成为理论界与实务界的通识，对于缺乏受贿故意的收受财物行为，本身就不符合受贿罪的构成要件，不应作为犯罪处理。如果坚持这种主张，司法解释就是多此一举。实际上，“收受财物后及时退还”的规

① 宽严相济的刑事政策包括如下内容：该严则严，当宽则宽；严中有宽，宽中有严；宽严有度，宽严审时。参见马克昌：《宽严相济刑事政策研究》，清华大学出版社2012年版，第75—81页。

② 孙道萃：《“收受财物后及时退还”的刑法教义分析》，载《江汉学术》2017年第1期。

定，特别强调退还财物的“及时性”。从文义上看，收受财物后及时退还的不是受贿，这里并没有附加其他条件。反之，如果收受财物后未及时退还财物的，则不符合该司法解释规定的作出无罪处理的适用条件。因此，“主观无罪模式”将“收受财物后及时退还”等同于缺乏受贿故意是不妥的，严重忽视了“及时性”这一出罪要件，明显与司法解释的内在逻辑相悖。

（二）误区二：将“及时退还”中的“及时”限定为具体期限

如前所述，《意见》未对何为“及时退还”作出细化规定。对于何为“退还”，实践中并无明显争议，但对“及时”的理解把握则存在严重分歧。当前实践中，对“及时”的理解主要有两类主张。一类主张“及时”是指明确、具体的时限。不过，在具体时限方面，又有不同观点。有人认为，可以参照1988年国务院《关于国家行政机关及其工作人员礼品登记的规定》规定的1个月的礼品上交期限，及时退还以1个月为限。[①]有人则认为，应当参照挪用公款罪或挪用资金罪，及时退还以3个月为限。[②]另一类主张“及时”是一个相对概念，并非具体时限。具体而言，是否“及时”需要结合退还的自愿性、可行性、有效性等因素综合判断。笔者认为，两种主张各有优劣。第一种主张，可称为“固定时限说”，为认定及时退还划定了明确红线，统一了认识分歧，方便司法实践操作。不过，其缺点也显而易见，即缺乏充足的法律依据。假设某地司法机关明确将3个月作为及时退还的时限标准，则控辩双方均会认同3个月以内退还财物的属于“及时退还”，

---

① 参见邓维聪：《受贿罪中的及时退还财物之认定》，载《人民法院报》2007年11月14日，第6版。

② 参见陈国庆：《新型受贿犯罪的认定与处罚》，法律出版社2007年版，第58页。

但是对于超过3个月的退还行为，控方势必主张不属于“及时退还”，但辩方可以主张属于“及时退还”，毕竟法律并无明文规定。由此可见，“固定时限说”的好处是便于控辩双方对某些情形下的出罪达成共识，弊端是超出该时限即作为入罪的法律依据不充分。相比之下，第二种主张，可简称为“相对时限说”，为“及时”的理解增加了自愿性、可行性、有效性等限定因素，更有利于全面、细致地考察行为人的整体行为，更有利于作出罪责刑相适应的处理决定。不过，其缺点是增加了司法的不确定性，容易对案件的公正处理带来不利影响。

（三）误区三：将索贿行为排除出“及时退还”的适用范畴

在关于“收受财物后及时退还”的理解方面，有观点认为，索贿行为具有严重的主观恶性，应当从严打击，“及时退还仅适用于收受贿赂而不包括索贿情形”[①]。这种观点有一定的合理性，符合从严惩治索贿行为的司法导向。然而，这种“一刀切”的做法值得商榷。这是因为，“收受财物后及时退还”规定的背后，蕴含着“赎罪”“宽恕”的法律精神。一个行为是否应当评价为犯罪，本质上要看行为是否具有严重的社会危害性。索贿并非一律“十恶不赦”。对于自愿悔过退还财物且未造成严重社会危害性的，并非一律不能作出罪处理。有的案件中，索贿是出于一时冲动，甚至可能是亲友危难时的“冲动之举”，这种情况是否可以网开一面值得探讨。另外，索贿一律不出罪的做法，会严重打消索贿行为人主动退赃、谋求悔过从宽的积极性，造成不必要的司法对抗。

① 孙道萃：《“收受财物后及时退还”的刑法教义分析》，载《江汉学术》2017年第1期。

## 三、“及时退还”的三种类型及其处理路径

根据收受财物的行为是否存在过错、退还财物是否自愿以及是否真正出于悔过而退还财物三方面因素，简称为过错性、自愿性、悔过性，可以将实践中的收受财物后及时退还行为区分为“无过错型退还”“悔过型退还”和“投机型退还”三种类型。以下笔者将结合几个实际案例（均作化名或隐名处理），对此作进一步探讨。

### （一）“无过错型退还”及其处理

案例 1：2011 年 10 月，W 在担任某省省委书记期间，省委拟进行换届选举，某市市委书记 S 为了被确定为考察对象，到 W 办公室说给 W 带了些东西，S 放了一个黑包后就离开了。当天，W 发现黑包里有 30 万美元。第二天，W 安排其秘书通知 S 到办公室，将装有 30 万美元的黑包带走。[①]

在案例 1 中，W 从始至终不具有受贿故意，且在得知黑包中放有 30 万美元后，第二天就安排秘书将钱款退还，其行为不符合受贿罪的构成要件，不是受贿犯罪。类似 W 的这类退还行为，可概括为“无过错型退还”，是指国家工作人员收受财物的行为不存在刑法上的过错即受贿故意，之后再退还财物的行为。常见的“无过错型退还”包括国家工作人员不知道收受的物品系钱财或被迫收受财物当场来不及退还，之后再予退还的行为。从犯罪构成方面考察，“无过错型退还”的行为人缺乏受贿故意，因而不能作为受贿犯罪处理。从刑事政策方面看，对该类行为也无从严打击甚至入罪的必要性。对于“无过错型退还”，应当依法认定不构成受贿罪。

---

① 本案例来源于王晓东：《贪污贿赂、渎职犯罪司法实务疑难问题解析》，人民法院出版社 2020 年版，第 95 页。为便于讨论，对案例文字略作形式修改。

（二）“悔过型退还”及其处理

案例2：被告人Z原系某县扶贫开发办公室主任，利用职务便利为该县某公司法定代表人李某某谋取利益，先后分3次收受李某某所送贿赂款5万元、2万元及10万元，共计17万元。在收受李某某最后一笔10万元的贿赂后，Z心生悔意，多次打电话给李某某要将该笔钱退还，但是李某某置之不理。之后，被告人Z以其他形式将该10万元退还给了李某某。[①]

在案例2中，Z的退还行为是积极的、主动的，且不存在《意见》第9条第2款中规定的：“自身或者与其受贿有关联的人、事被查处，为掩饰犯罪而退还或者上交”的情形，能够表明其具有强烈的悔过意愿。如果将第3次收受10万元作为受贿犯罪处理，则Z的受贿数额将达到17万元，与其实际仅到手和占有7万元财物不符，且会导致全案罪责刑不相适应，造成刑罚过重。实际上，从刑事政策方面看，我国刑法并不追求严刑峻法，而是力求实现宽严相济，对Z从宽处理符合“当宽则宽”的刑事政策。类似Z的退还行为，可以概括为“悔过型退还”，是指行为人出于认罪悔罪而自愿退还已收受财物的行为。对于“悔过型退还”，从受贿罪的构成要件看，其符合受贿罪既遂。不过，从刑事政策上看，是否应当对这种行为进行追究则需要结合案件具体情况进行讨论。如果收受财物数额较小，且未造成其他恶劣影响，结合宽严相济刑事政策、认罪认罚从宽制度等谦抑性制度，根据《刑法》第13条但书的规定即“但是情节显著轻微危害不大的，不认为是犯罪”，可以对国家工作人员作出罪处理。鉴于这种类型的出罪处理，是在行为符合受贿罪形式构成要件情形下的特殊出罪方式，因此

① 本案例来源于S省某市检察院办理的Z受贿案。为便于讨论，对案件事实略作简化处理。

实践中的重点和难点是准确判断国家工作人员是否确实属于“悔过型退还”。一般来说，可以从行为人退还财物后是否再次收受贿赂、行为人对退还行为的主观认识、是否有相关人员被查处等方面综合判断行为人退还财物的悔过性。对于无相关人员被查处、行为人主动及时退还财物且未再收受贿赂，确实真诚悔改的，即属于“悔过型退还”，可以根据《刑法》第 13 条但书的规定作出罪处理。需要说明的是，退还时间是否“及时”应作相对把握，且仅仅是判断是否属于“情节显著轻微”的参考因素之一。

（三）“投机型退还”及其处理

案例 3：2002 年至 2010 年，被告人 Y 利用担任某区区委书记等职务上的便利，为某实业公司在工程项目承揽等事项上提供帮助，于 2012 年收受该公司法定代表人贺某某所送位于海南省的价值 400 余万元的别墅一套，并安排由其侄女代持房产。2014 年，因为收到相关匿名举报后担心被查处，Y 将该套房产退还贺某某。2009 年至 2010 年，Y 利用担任某区区委书记等职务上的便利，为某房地产公司在土地性质变更上提供帮助，收受该公司法定代表人何某所送现金 32 万元。后来，Y 帮助变更土地性质失败，于 2016 年前后向何某退还 30 万元。[①]

案例 3 中，Y 本身具有受贿的故意，后来两次退还财物的原因，一次是因为担心被查处，另一次是因为未实现请托人的谋利事项，两次退还行为均发生在收受财物相对较长的时间后，目的均是降低被查处风险而不是知罪悔过。类似 Z 的两次退还行为，可概括为“投机型退还”，是指为了降低被查处或者被行贿人举报的风险，而将已收受财物退还的行为。这类退还行为本质上是为了使权钱交易行为的腐败

① 本案例来源于 S 省某市检察院办理的 Y 受贿案。为便于讨论，对案件事实略作简化处理。

行为更安全、更隐蔽，并不是消除再犯危险性的悔过行为。从犯罪构成上看，“投机型退还”符合受贿罪的构成要件，属于受贿既遂。“投机型退还”既对国家工作人员廉洁性造成严重侵害，又试图掩饰、隐瞒犯罪行为而获得从宽处罚，严重侵害法律尊严，实质上并未减轻其行为的严重社会危害性。在刑事政策层面，“投机型退还”并未实际降低行为人的再犯可能性，因此也不能基于刑事政策对其作出罪的降格处理。而且，如果对“投机型退还”作出罪处理，还会树立投机退赃可以获得从宽处理的错误导向，反而助长贿赂犯罪。因此，应当将“投机型退还”作为受贿处理。

## 结　语

“国家工作人员收受请托人财物后及时退还或者上交的，不是受贿”的规定，是对国家工作人员收受财物并符合受贿罪形式要件的情形下，基于刑法谦抑精神和宽严相济刑事政策考虑所作出的政策感召处置方式，是司法实践中贯彻执行《刑法》第13条但书规定，倡导实质判断、追求情理法相统一的路径之一。执行该规定时，就是要对收受财物后真诚认罪悔罪、情节显著轻微的国家工作人员给出路，同时堵住“投机型退还”的后路，实现反腐败斗争政治效果、法律效果和社会效果的有机统一。

# 预期收益型受贿犯罪研究

万　龙　王洪男　孙　丹*

腐败是危害党的生命力和战斗力的最大“毒瘤”，反腐败是最彻底的自我革命。党的十八大后，一体推进不敢腐、不能腐、不想腐，反腐败斗争持续发力，反腐败高压态势不断强化。在取得重大成就的同时，反腐败斗争形势依然严峻复杂，腐败隐形变异、手段翻新升级，演变为“在职时办事离职后收财”“不直接收受财物”“以市场化和民事化的手段变相敛财”“多单统结、期权兑付”等，受贿对象已不仅仅是财物，而是更加隐蔽的财产性利益，甚至是披着市场交易外衣的“以小博大”“远期收益”。例如，国家工作人员利用职务便利，为请托人谋取利益，真实出资购买原始股，对此类情形，如固守20多年前的《全国法院审理经济犯罪案件工作座谈会纪要》的规定，单纯以国家工作人员支付股本金而购买较有可能升值的股票、不是无偿收受请托人财物为由，得出不是受贿罪的结论，则不能适应当前反腐败斗争现状。如不将此种行为纳入刑事打击范畴，不符合社会朴素的公平正义观，也严重损害公众对公权力廉洁性的期待。① 事实上，中纪委披

---

* 万龙，江苏省人民检察院检察委员会委员、第三检察部主任、三级高级检察官；王洪男，南京铁路运输检察院副检察长、四级高级检察官；孙丹，江苏省人民检察院第三检察部一级检察官助理。

① 参见胡东林、王菊芬、徐敏：《论公司上市前“突击入股”行为的司法认定》，载《职务犯罪检察专题研究与办案指引》，中国检察出版社2023年版，第100页。

露的深圳市发改委原处长李某受贿案[①]，已经确立了收受原始股受贿的司法裁判规则，也让预期收益型受贿犯罪逐渐成为司法实践界和法律理论界共同关注的贿赂犯罪重点问题。

## 一、贿赂财物的扩张与发展

在我国刑事立法及司法中，财物作为受贿犯罪对象的范围呈现逐步扩张的过程。从我国贿赂犯罪形态变迁看，基本经历了财物、财产性利益、预期收益三个阶段。

### （一）财物阶段

1952 年出台的《惩治贪污条例》明确指出，贿赂对象即为财物。1979 年出台的《刑法》，虽然未明确贿赂对象为财物，但是在长期的司法实践中，司法机关仍然秉持将财物作为贿赂对象的意见。在 1988 年全国人大常委会《关于惩治贪污罪贿赂罪的补充规定》中，明确规定贿赂为财物，债务的免除、免费旅游等财产性利益则被排除在外。故在这一阶段，贿赂对象是狭义的财物，即仅对“财物”进行狭义的限缩解释，仅包含货币、珠宝、车辆、房产等实物。

### （二）财产性利益阶段

随着经济发展社会进步，在司法实践中出现越来越多的以财产性利益作为贿赂对象的犯罪形式，如果仍将贿赂对象仅限定于具体的财物，既严重影响对受贿犯罪的惩处，也与国际反腐败公约、世界各国立法例相悖。鉴于此，2008 年“两高”出台的《关于办理商业贿赂刑事案件适用法律若干问题的意见》明确提出，“商业贿赂中的财物，既

① 《不收现金收股权　聪明反被聪明误——深圳市发改委原处长李某违纪违法案剖析》，载中央纪委国家监委网，http://www.ccdi.gov.cn/yaowen/201902/t20190201_188179.html，最后访问日期：2024 年 6 月 22 日。

包括金钱和实物，也包括可以用金钱计算数额的财产性利益”。2016年“两高”出台的《关于办理贪污贿赂刑事案件适用法律若干问题的解释》，再次确认了贿赂犯罪中的“财物”包括货币、物品和财产性利益。其中，财产性利益包括可以折算为货币的如房屋装修、债务免除，以及其他需要支付货币的会员服务、旅游等经济利益。但该司法解释所规制的财产性利益，其实并未超出对“财物”的一般理解，都属于已经实现且可计价的确定经济利益。

（三）预期收益阶段

近年来，以股权投资为代表的预期收益型受贿罪因其更隐蔽的犯罪手段、更高的犯罪收益已成为受贿犯罪市场的新宠。“期权腐败”“股权投资”“虚假交易”等各种新型腐败形式在职务犯罪领域不断出现，贿赂对象从现实的财产性利益衍伸为将来可能实现的财产性利益。这种衍伸往往通过股票、股权等投资行为后取得，其获益行为与先行投资行为之间也确实存在一定的因果关系，获利也是来源于市场因素，从外观上看貌似是投资产生的收益，但实质上都存在权力介入的因素，可能只是权钱交易的“障眼法”。目前对于预期收益能否作为贿赂对象，认识不一。

第一种观点认为，国家工作人员收受股票、股权等收益机会，最终目的是获取财产性利益，财产性利益系收益机会转化，二者紧密联系，都不应当用权力交换获取，应当认定为受贿犯罪。第二种观点认为，财产性利益的取得是基于前期的购买或投资行为产生的收益，请托人给予国家工作人员的只是购买优先权，不宜认定为行受贿关系。第三种观点认为，预期收益并不必然属于财产性利益，应当根据该预期收益是否存在商业风险，判断国家工作人员是否成立受贿犯罪。如果国家工作人员收受有商业运作风险的收益机会，不能认定为受贿；

反之，收受没有市场风险的收益机会，应认定为受贿。

我们认为第三种观点较为稳妥，国家工作人员收受将来高度可能实现的预期利益，应当以受贿罪予以规制。理由如下：一是符合受贿犯罪权钱交易的本质特征。对这些行为深入分析，实质上都是国家工作人员利用职务便利为他人谋利后，他人将预期可以实现的财产性利益让渡给国家工作人员，以实现输送利益的目的，属于权钱交易的范畴。将这种“预期收益”认定为贿赂对象，不仅符合罪责刑相适应原则，也与依法从严惩治腐败的要求相契合。[①] 二是该预期收益是一种特殊的财产性利益。对于缺乏商业风险的预期收益，这种“投资”或“交易”行为与正常的市场投资、交易存在显著差别，往往属于以极低成本换取极高收益的稳赚不赔买卖，看似是交易机会，实则为确定性利益。三是该预期利益排除了市场因素的影响。预期收益的获得通常都是因为权力的介入，而预期利益的大小基本上也对应权力的溢价，与市场波动关系不大。

目前，将预期收益认定为贿赂对象尚无明确的法律依据，然而司法实践已经对预期收益开展了有益探索，相关判例不断增多。除了中纪委披露的李某受贿案，江苏、浙江、安徽均有类似判决。最高检指导性案例检例第 188 号桑某受贿案中，桑某基于履职原因，安排他人与行贿人签订股权收益权代持协议，按照行贿人公司上市前价格出资购入股票，后又要求行贿人提前回购股权收益权，从中实际获益 2570 万元。检察机关基于双方签订股权收益权代持融资协议的背景、转让价格、回购时间均系异常，进行实质化判断，未采信桑某系正常商业投资的辩解，最终认定涉案股权收益权代持融资协议具有虚假性，实

① 参见张希靖、李聪明：《金融领域新型隐性职务犯罪案件的审查要点》，载《中国检察官》2024 年第 6 期。

为权钱交易、输送利益的手段。本案也是预期收益型受贿犯罪认定的又一实例。

## 二、预期收益型受贿犯罪的边界

刑法适用于具体案件的过程，实质上就是解释刑法的过程，是一种事实与规范之间建立起联系的具体化过程。[①]换句话说，刑法规范的司法适用过程其实是刑法规范与案件事实的匹配过程，且由于犯罪构成的开放性结构使得刑法规范在与案件事实的匹配过程中能够涵摄新生的案件事实，而对于涵摄的把握则有赖于“罪质”的判断。[②]贿赂范围的扩张，将财产性利益进一步细分为即时性利益和远期性利益（预期利益），尽管我们认为需要规制，但仍要谨慎适度谦抑，预期收益型受贿犯罪需要从以下五个方面来把握。

（一）权力对价性

受贿罪的本质是权钱交易，“钱”与“权”是紧密联系、不可分割的。“贿赂”是职务行为的对价，请托人想要获取利益进而提供给国家工作人员“报酬”，更是国家工作人员利用职务便利为他人谋取利益的“动力”，与职务行为息息相关。预期收益属于财产性利益，属于贿赂范畴，其存在的基础仍然要遵循贿赂的一般属性，无论以何种方式存在，仍需作为权利的对价而存在，预期利益承诺或者提供的前提是国家工作人员利用职权为请托人谋取利益。

---

① 参见［德］哈贝马斯:《在事实与规范之间》，童世骏译，生活·读书·新知三联书店 2003 年版，第 247 页。

② 参见孙树光:《权股交易型受贿罪数额的司法标准建构》，载《华侨大学学报（哲学社会科学版）》2019 年第 6 期。

（二）可预期性

可预期性是指该预期收益获得巨额回报的可能性较一般的投资机会更大，行受贿双方对于利益实现均明确认知并有所期待，此种情况在原始股型犯罪中较为显著。[①] 预期利益一般并非即时交付，实践中多以远期利益形式出现。这种远期交付的特征，必然需要考虑利益的可预期性，需要判断利益实现是否具有高度可能性，还是仅为虚假承诺的“海市蜃楼”。之所以可以预期，其实质在于国家工作人员职权影响的持续和深入，受贿人对于行贿人交付利益具有较强的控制性。

（三）利益确定性

利益确定性是指所获预期利益能够确定具体数额，符合受贿犯罪“计赃论罪”的认定标准。受贿犯罪不论是“定性”还是“定量”，都不可避免地需要犯罪数额来评价行为的危害性。预期收益作为远期财产性利益，有的在达成行受贿合意时即能确定收益数额，例如承诺 3 年 5 倍的高额投资收益；有的仅能确定收益比率，例如按照公司 20% 股权获得巨额分红利益；有的仅能判断会产生高额收益，却无法精准确定收益的具体数额，例如原始股上市后产生的增值。但行受贿双方对于高额收益的确定性有明确认知，在预期利益实现时能够予以量化和测算为具体的收益数额。

（四）高收益性

高收益性是指获益比例明显高于一般的市场投资行为，且一般情况下存在投入和收益比例、投资风险和收益不对等的情形。对于预期收益型受贿犯罪需要考量投入与收益的比例是否正常，是否符合市场的一般收益率。在正常的市场活动中，行为人获取的收益应当与其投

① 参见张希靖、李聪明：《金融领域新型隐性职务犯罪案件的审查要点》，载《中国检察官》2024 年第 6 期。

入和承担的风险相当。在预期型受贿中，行为人在职权的加持下，往往在没有参与任何管理、经营的情况下，获取远超正常水平的高额回报，所谓的投资行为，本质上只是获得高额收益的幌子。

（五）低风险性

预期收益型受贿一般具有排斥风险性。正常的投资或者商业活动中，认同并承担市场风险是市场主体从事经济活动所遵循的普遍规律和必然要求，但在预期收益型受贿中，受贿方通常只享受获利不承担风险，即行贿人通常会提出保本保收益的承诺，如约定即便上市后股票出现破发等情况，也由行贿人承担，确保受贿方不会亏损，或者对于收益率做出承诺。这意味着行贿人实际上是为受贿人提供了投资风险保障，属于权力因素介入而产生的非正常投资行为。这种排斥风险性可以看出其本质上的权钱交易属性，而所谓“投资行为”只是权钱交易的外化形态而已。

## 三、预期收益型受贿犯罪的常见类型

如上所述，符合上述特点的预期收益性受贿，可以考虑纳入刑法评价，予以司法处理。下面结合案例，具体分析实务中常见的四种犯罪类型。

（一）涉上市公司原始股受贿

案例一：2007 年，赵某利用担任某市教育局局长的职务便利，为王某子女入学事项提供帮助。2007 年，为感谢赵某，王某以 20 万元的价格，将其持有的某公司原始股转让给赵某。2010 年该股票成功上市，2011 年股票限售解禁后，赵某出售该股票得款 324.4 万余元，获利 304.4 万元。

第一种意见认为，赵某购买原始股获利的行为不构成犯罪。原因是受贿人获得的是一种商业投资的机会，受贿人是否能获利存在不确定因素，不能认定为受贿犯罪。

第二种意见认为，赵某的行为构成受贿犯罪，这种投资机会基本不存在风险，是一种可预期的财产性利益。行贿人是把自己名下的可期待的利益让渡给了受贿人，双方对此具有明确认知，应认定为受贿犯罪。

我们同意第二种意见，一是双方行为本质为权钱交易。公司首次发行股票的对象仅为公司董事、监事、高级管理人员的亲属和机构投资者的关系人，赵某不具有购买资格。王某将原始股权转让给赵某，是为了感谢赵某利用职权为其小孩入学提供帮助。赵某最终能够购买该原始股其实质是其利用职权行为的对价，原始股的购买基础在于其履职行为，双方在权力与利益交换上达成对价，其本质是一种利益输送。二是对于原始股上市后的价值双方均有认识和期待。王某购买该原始股，本意是希望从中得到高额回报，赵某后续购买原始股，也是基于其后续可能产生巨额增值，行受贿双方对于原始股上市后预期将产生巨额收益均能够认知，且该预期收益为行受贿交易的直接目标。三是利益巨大且高度确定。A 股市场原始股具有封闭性、稀缺性，上市后大概率会出现爆炒导致价格畸高的情况，以原始股价格买入风险极低，除极特殊情况外，均属于高度确定的高收益情形。

（二）公司股份预期分红受贿

案例二：未出资而获得高额分红

2013 年，李某利用国家工作人员身份，为范某经营的 A 公司承接基金管理业务提供帮助。为感谢李某的关照，范某送给李某 A 公司 20% 的股权，并由其为李某代持相应股权。经审计，案发时按照 20% 股权比例计算，李某应得股份分红共计 1000 余万元。

案例三：出资后获取高额分红

2007年，张某出资设立B公司，注册资本500万元。公司设立后，张某请托时任某国有公司总经理的江某，在销售业务上对B公司予以关照，并提议由江某购买B公司15%的股份。后江某安排其亲家王某出资75万元，购买B公司15%的股份，并办理了股权转让手续。2009年至2016年，张某先后6次向江某指定的账户支付分红款2600余万元。

上述两个案例中，国家工作人员均基于公司股权获得了巨额的分红利益，差异点在于案例二中李某未出资而取得公司股权，案例三中江某的股权来源于真实出资。对于公司股权分红的行为性质，存在两种不同意见：

第一种意见认为，应以国家工作人员是否真实出资作为判断标准，国家工作人员因真实出资而获得公司股权的，后续理应享有分红权益，只要未出现超额分红的均可认定为正常的市场交易行为，不作为受贿评价；如国家工作人员未出资而获得股权及分红，其实质为权钱交易，可将其收受股权时价值认定为受贿数额，后续所获分红认定为受贿孳息。

第二种意见认为，不能简单以是否实际出资判断行为性质，如行受贿双方之间对于股份分红具有明确认知、高度期待，甚至股权分红才是双方权钱交易的真实对价，此时股权仅为获取后续可期待性利益的媒介手段，则可将后续的股权分红认定为受贿数额。

我们同意第二种意见，一是行受贿双方权钱交易的对象就是股权分红的预期收益。两个案例中行受贿双方对于以分红名义输送利益均有明确认识。案例二中，范某给李某送钱，是为了依靠李某的权力参与某政府项目，将企业做大做强，赚取高额利润。李某也曾明确表示，其不急于要分红，而是要让范某等人把企业做大，这样自己将来退休时能吃喝不愁，双方对于该股权分红在今后将获得巨额收益都有明确认知。案例三中，B 公司的成长发展也高度依赖于江某的业务关照，江某也是基于 B 公司每年高份额分红这一预期利益而“投资”。二是股权分红的预期收益符合高收益、低风险的特征。在国家工作人员职务行为的加持助力下，涉案两公司都在没有充分竞争，公司经营不存在风险的情况下，获得了远超过正常经营的高额利润，故李某、江某的股权预期收益也没有风险。李某 20% 股权比例共分红 1000 余万元，江某 75 万股份共分红 2600 余万元，二人均是基于职权行为获得了高收益、低风险的预期收益，符合受贿罪权钱交易的特征。

（三）承诺高收益理财受贿

案例四：为感谢国家工作人员甲利用职权在某基金公司设立方面提供的帮助，该基金公司经理乙提出可以为甲进行股票投资，并承诺 3 年到期后给予 5 倍收益。甲同意并实际出资 100 万元，由乙使用该款项购买某股票。3 年后，乙按约定支付给甲本金及收益共计 600 万元。后查明，乙投资的股票在 3 年间获得的收益确实超过 5 倍。

第一种观点认为，甲的行为不构成受贿罪。原因是乙长期在金融领域工作，具有高于一般人的资本运作能力，可以实现高收益。尽管有权力介入的因素，但甲最终获得的收益来源于市场非来自于乙，乙并没有直接向甲输送利益。

第二种观点认为，甲的行为属于受贿罪，原因是甲利用职务便利为乙谋利后，收受乙以代为投资方式给予的预期收益，本质上仍然属于权钱交易。

我们同意第二种观点，理由有：一是甲乙双方本质仍是一种权钱交易，甲利用职权为乙谋取利益，乙通过股票投资向甲输送经济利益。

二是该利益系乙让渡的。500 万元的收益表面上是投资股票的收益，并非直接来源于乙的财产，但实质上直接来源于乙的投资行为，亦即如果不是为了向甲让渡利益，乙完全可以通过自行投资的方式获取相应利益。三是该收益具有高收益零风险的特点。乙在承诺 3 年 5 倍收益时，能够认知该收益率远高于市场平均投资收益，超出了自己投资能力，存在难以实现的风险，仍向甲作出保底收益的承诺，实质上是由乙承担市场风险，用自身资产作为托底保证，即无论市场行情如何，都将按约定支付甲相应收益。甲对此情况也心知肚明，也期望获得 3 年 5 倍收益，并且不承担任何投资义务和风险，因此，甲乙双方之间并非正常的委托投资关系。

（四）无实质经营的商业机会受贿

案例五：2019 年，管某承接某工程项目，为顺利获取工程款，管某向负责开发该项目的国企负责人王某提出，愿意送给其 100 万元。王某表示不愿收钱，但可以让管某分包工程中的一部分装修业务给其儿子承揽。后王某儿子顺利承揽其中部分装修业务，并将该业务转包给其他公司，获取工程转包款 150 万元。

关于王某的行为，存在两种意见：

一种意见认为，王某不构成受贿罪。理由是管某让王某儿子承揽装修业务，本身属于一种商业机会，而非确定性的利益。后王某的儿子将其转让获利，属于市场行为。

另一种意见认为，王某构成受贿罪。理由是王某利用职权为他人谋利后，收受他人给予的可以直接变现的商业机会，在不需要投入任何成本的情况下获取巨额利益，本质上属于权钱交易行为。

我们赞同第二种意见，一是王某与管某都熟知基建工程的行业特点、运作规律、盈亏风险要素和收益率，两人对以承揽分包项目的形式进行权钱交易具有明确认知，管某为感谢王某在工程款拨付等事项上的帮助，将装修项目分包出去可能实现的预期收益让渡给王某，王某通过其子以转包方式变现亦在管某让渡利益的认知范围内。二是王某及其儿子在不需要再投入其他资源的情况下，直接通过将该装修业务变现的方式获取巨额利益，这种业务本质上不属于一般的交易机会，而是确定可以实现的预期收益。

## 四、预期收益型受贿犯罪的处断原则

### （一）预期收益型受贿犯罪的数额认定

犯罪所得数额既是构成要件要素又表征既遂。[①]受贿犯罪“计赃论罪”，无论是入罪判断，还是情节加重的量刑提档，仍然有一个共同的特征和要求，那就是必须具备基本的受贿数额基础。[②]

关于预期收益受贿数额的确定，通常以预期时间为节点来认定犯罪数额。如，公司股份分红型预期受贿，因国家工作人员权力持续加持，其对股份分红的预期一直持续，故其犯罪数额以实际获得的分红累计计算；固定期限高收益理财型预期受贿，以双方约定期限所对应的理财收益认定犯罪数额；无实际经营的商业机会型预期受贿，以商业机会转让获利的数额作为犯罪数额。以上类型实务中争议不大，争议最大的在于涉原始股交易型预期受贿犯罪数额的认定。因原始股预期利益实现的时间点众多，有上市前某时间点、上市后解禁前、解禁首日、解禁后市场正常交易期等，因预期收益通常处于动态变化中，

---

① 参见雷一鸣：《构成要件知识本土化视角下受贿罪的数额与情节新解》，载《法学评论》2018 年第 6 期。

② 参见蔡道通：《论受贿罪加重情节的地位及其解释立场》，载《法律适用》2018 年第 19 期。

中间又可能介入市场因素，给司法认定带来一定困难。

李某受贿案中，司法机关给出两个认定标准，对预期利益已经兑现的，以实际获利的部分认定为犯罪数额；对预期收益尚未兑现的，则以上市发行价与购买价的差额认定为犯罪数额。这种分类认定意见得到了部分司法实务工作者的认可。[①]还有一种观点认为，应以股票解禁日价格与购买价的差额认定。下面从利弊角度对三种观点逐一分析。

第一种观点认为，以股票发行价与购买价的差额认定，主要理由是：（1）在出资购买原始股型受贿中，行受贿双方均将犯罪的意图、行为及对象锁定在股票上市的巨额升值部分，而发行价与购买价的差额，直接体现了这一预期利益，符合行为人的主观意图；（2）股票发行价与购买价的差额相对客观、确定，且不受市场行情、出售时机等偶然因素的影响。

这种认定思路，也存在质疑：（1）如果原始股上市后出现“破发”的极端情况，行为人未能获利，无法认定为犯罪；（2）公司上市后因存在原始股禁售期，原始股持有人在此期间无法减持，此时并不具备资格利益财产化的现实可能性，以此标准认定犯罪数额可能对犯罪嫌疑人不利。如股票在禁售期大跌，按此标准，行为人没有实现预期利益却依然要被追究刑事责任。

第二种观点认为，以案发时的实际获利认定。主要理由是：以实际获利标准计算受贿数额，能充分评价行为人非法购买原始股所蕴含的全部期待利益。行为人出资购买原始股，就是意图通过购买原始股获得巨大的预期利益，无论是上市前的分红，还是上市后抛售股票的

① 参见胡东林、王菊芬、徐敏：《论公司上市前“突击入股”行为的司法认定》，载《职务犯罪检察专题研究与办案指引》，中国检察出版社2023年版，第100页。

获利，都是获利的具体表现，均应计入犯罪数额。

但是，按照案发时实际获利认定受贿数额，仍有以下几个方面的弊端：

（1）可能导致一些实质上属于权钱交易，应当定罪处罚的受贿行为，无法作为犯罪评价，形成处罚漏洞。如收受原始股的国家工作人员在股票解禁后随时可以出售股票获得巨额利益，但其因股市行情较好，持续观望，在长达10年的时间一直不舍得出售股票，后股票大跌，案发时没有任何获利。该国家工作人员的行为完全符合权钱交易的本质特征，预期利益也全部实现，如以实际获利为标准将导致其出罪，不利于惩治腐败犯罪。

（2）以实际获利认定犯罪数额，可能会因二级市场的偶然盈亏影响定罪量刑，在犯罪数额的计算过程中介入了一定的市场偶然因素。股票解禁后，行为人可自由买卖股票，实际获利受国家政策、市场行情、个人决策、炒股经验等因素影响，与主观恶性、不法程度没有直接关联。出售股票变现的时间节点具有随机性，依赖于行为人的选择，犯罪数额的多少不仅仅是由受贿行为直接决定。

（3）以实际获利认定犯罪数额，可能出现“同种行为、不同种评价”的问题。如两名国家工作人员向同一行贿人购买100万股原始股，一人出售股票后获利300万元，一人却因抛售时机不佳没有获利，如按照该标准认定犯罪数额，将出现两人实施了同样的犯罪行为，一人面临10年以上有期徒刑、一人却无罪的尴尬情形。

第三种观点认为，以股票解禁日价格与购买价的差额认定，主要理由是：实践中，从保护公司经营角度出发，对原始股基本设定了时间不等的禁售期。持股人出售原始股，需在禁售期满后。解禁后，受贿人何时变现可自由选择，原始股购买资格才具备兑现为利益的现实性，此时，预期利益大小具体明确，因此，以解禁日价格认定犯罪数额更为合理。

这种认定思路，也同样存在质疑：（1）如果禁售期届满价格低于发行价或购买价，按照该思路认定，将无法追究行为人刑事责任，不利于打击腐败犯罪；（2）如果在禁售期届满前案发，不存在解禁日价格，无法认定犯罪数额。

以上认定路径均有一定道理，但也各有弊端。有学者对直接将预期利益兑现的金额直接认定为受贿数额提出质疑，认为是将获得收益机会的不正当性直接等同于最终获得财产性利益的刑事可处罚性，忽略了收益机会与财产性利益来源的差别。为解决原始股受贿数额认定的难题，我们认为原始股受贿数额的认定，需要回归原始股的交易阶段和交易规则来综合进行判断。第一阶段，原始股上市前的封闭期。此阶段股票不对外发行，在经过初审会、发审会审核过会和证监会批复同意等审批程序，为正式上市作准备；第二阶段，股票上市锁定期，我国A股在此期间大多经历“爆炒”，表现为发行价数倍于原始股份，上市后连续拉出涨停板；第三阶段，股票解禁后市场交易期。此阶段原始股可以正常交易，市场趋于正常。我们认为，只有股票稀缺，才能产生确定预期价值，进而具备与权力交换的基础。以上第一阶段和第二阶段都是原始股稀缺性和高溢价性的体现，也是权力换取的对象。到了第三阶段，股票过了禁售期可以完全市场买卖，这时权力换取的股票预期利益已经实现，国家工作人员在内的投资者往往都具有套现离场的冲动。此后的交易行为则受到了个人时机选择等问题，介入了其他市场判断因素，不应将此后的收益全部认定为权钱交易的对价。由此，以禁售期届满当天的最低价认定受贿数额计算的基础，较为恰当。此外，国家工作人员所谓的出资，仅为掩饰犯罪行为性质的手段，不宜直接认定为犯罪成本，在后续认定受贿犯罪数额中，还是应当予以扣减。

（二）预期收益型受贿犯罪的既未遂判断

通说认为，受贿犯罪是涉财职务犯罪，与普通财产犯罪一致，应当以是否取得财物作为基本的既未遂判断标准。[①] 关于预期收益型受贿犯罪既遂时间节点有三种观点：

第一，获得预期收益的权力基础即告既遂。以上市公司原始股、公司股权分红等预期收益为受贿对象的，当行受贿双方达成合意，获得了股权凭证或者办理了股权转移手续，即已实际取得了预期收益的基础，犯罪目的已经实现，至于预期溢价利益有无实际取得、何时取得，均不影响受贿既遂的认定。

第二，预期收益可得即告既遂。以上市公司原始股、公司股份分红等预期收益为受贿对象的，当公司实际完成上市或者实际取得相应的经营收益可供分红等，即已实现获得预期收益的基础，此时行为人基于对股权凭证的控制，已经可以实际获得相应预期利益，仅是基于对市场的判断而选择是否变现或者分红，犯罪目的已经实现，至于预期收益是否实际取得、何时取得，不影响受贿犯罪既遂的认定。

第三，预期收益实际获得方为既遂。国家工作人员利用职权实际获取预期收益的系犯罪既遂；对于未能成功上市的原始股，期待利益无法达成，或者虽然涉案公司成功上市，但受贿人案发时因股票在禁售期等客观原因未能套现的，均属于犯罪未遂。

比较三种既遂判断的标准，第一种过于激进，在后续可预期利益总额尚无法计算的情况下，即认定为受贿犯罪既遂，则导致贿赂总额

---

① 参见段凰：《银行卡受贿犯罪既未遂的司法认定》，载《人民司法》2022年第19期。

的明确与既未遂认定的脱钩；第三种过于保守，可能导致已经获得权利凭证、可以上市交易、已经完全在受贿人控制之下的原始股，仅因未上市交易而被认定为未遂，似乎又过于宽缓。第二种思路成立的基础在于股票交易的限制已完全丧失，可直接交易变现，此时数额较为确定，否则会导致预期利益可以行权数十年后，因个人原因仍未出售而被认定为未遂的不当情形。

（三）预期收益型受贿犯罪违法所得的追缴

违法所得没收在剥夺不正当获利、斩断犯罪动机方面具有不可替代的作用。随着没收违法所得规则体系的逐渐完善，没收违法所得已逐步成为融合刑事实体与程序的范畴，既体现为刑法条文原则性规定，同时也发展为刑事诉讼程序之一。① 因预期收益多体现为巨额财物，既遂、未遂情形复杂，涉案财产处理在预期收益型受贿案件办理中更具有特别重要的地位。对于预期收益型受贿犯罪，追缴财物的范围也与既未遂的认定存在关联，对于收受贿赂并使用财物的，犯罪已经既遂，财物系犯罪直接获得，属于违法所得，可以直接予以追缴；对于尚未取得的预期收益则需根据不同情形处理：有可以变现的预期收益，变现后予以追缴；对于已经亏损的预期收益情形，因属于犯罪未遂，不具有追缴基础，可不予追缴。

---

① 参见李雪峰、杨俊：《贪污贿赂犯罪中违法所得认定的边界》，载《黑龙江省政法管理干部学院学报》2023 年第 5 期。

Falvren Shuo

# 法律人说

# 精密司法

余双彪 *

孔德之容，惟道是从；道之为物，惟恍惟惚。万事万物皆有其“道”，均有其发展规律。发现、总结并遵循事物发展的规律，按照规律推动工作、解决问题，方能取得更加良好的效果。司法作为上层建筑，在处理人与人、人与社会之间的关系时，亦需循“道”，遵从人类社会发展规律和司法工作规律，在把握规律、运用规律中更好促进解决中华民族伟大复兴、世界百年未有之大变局下面临的种种难题。特别是在我们这样一个受儒家学说以及在此基础上发展起来的儒家思想影响深远的国度里，需要继承中华优秀传统文化，吸收借鉴人类先进司法文明成果，把握住中华法系、中国特色社会主义司法的本质和要求，做到精密司法，高质效办好每一个案件，更好地以司法工作现代化助力和保障中国式现代化，让人民群众感受到公平正义就在身边。

## 一、精密司法，中华文明在法治领域的历史传承

中华优秀传统文化包括了儒家思想和其他中华民族形成和发展过程中所产生的思想文化，记载着中华民族自古以来在建设家园的奋斗中开展的精神活动、进行的理性思维、创造的文化成果。中华优秀传统文化规范、引领中华民族的精神追求，形成了源远流长的中华文明。纵观整个历史，经历了先秦诸子百家争鸣、两汉经学兴盛、魏晋南北

* 余双彪，最高人民检察院法律政策研究室副主任。

朝玄学流行、隋唐儒释道并立、宋明理学发展等历史时期，中华文化形成了独树一帜的中华文明。作为中华文化的一部分，司法文化以及其指导下的司法实践也不例外，形成了独特的中华司法历史传承和中华司法文明。比如，杀人偿命、欠债还钱等长期以来形成的司法文化和民众观念，就要求无论时代如何发展，我们在司法裁判时必须衡量民众和社会的内在呼唤，而不能简单地照搬照抄西方的一些司法制度和司法模式。比如，治大国如烹小鲜，天下大事必作于细等理念，不仅是对治国理政提出的要求，更是对司法处断提出了做精做细的根本要求。这种日用而不觉的传承为现代的司法实践提供了文脉基础和民众内心深处的渴求支撑。立足于当代中国“国家与社会”“权利与情理”“现代与传统”“法治与法盲”等矛盾基础上的思考，有的就鲜明指出，中国法治应当尊重以秋菊为代表的中国农村普通人的法律需求。文化中的法律、法律中的文化，传统下的司法、司法下的传统，让我们必须回顾和总结司法如何作为，才能更好地实现其应有的价值，更加契合民众的需求和预期。

回顾中华优秀传统文化和司法实践传承，无论是《论语·乡党》描述的食不厌精、脍不厌细，还是《南齐书》提出的律书精细、文约例广，精密细致的要求，一直都是司法的重要内涵和价值取向。宋慈的《洗冤集录》更是充分体现了精密司法的精髓。在判断杀人案件中，《洗冤集录》针对不同案件、不同尸体、不同场所、不同人群，要求详细询问官员、公吏、报案人、家属、左邻右舍、行凶人、同狱人、在场证人等，同时还要了解天气情况、河流地形、火源风势、季节更换、人员往来、民俗习惯、风土人情等，特别是要求坚持详细检验、务要从实的原则，对于自杀、他杀或者病死等进行十分详细的审查判断，还要求通过案例对溺死还是非溺死、自缢还是非自缢、自刑与杀伤、火死与假火死等详加区分。正是通过这种细而又细地了解情况，通过精密司法，最终才能真正处理好各类案件。宋慈的《洗冤集录》是世界上最早的法医学专著，对宋元明清各代的司法检验工作产生重要影响，也是我国古代司法精细化的典型和代表。这种一丝不苟、慎而又慎、细而又细的断案模式，形成了我国司法文化的优良传统。传统又为我们继承提供了历史依据。在现代司法办案中，继承精密司法的历史传承更显重要，坚持做到精密司法更应该成为司法人员的一种内在文化基因和秉持的价值追求。

## 二、精密司法，中国式司法现代化的规律性要求

习近平总书记深刻指出，中国式现代化，是我们为如何唤醒“睡狮”、实现民族复兴这个重大历史课题所给出的答案。中国式现代化是一种全新的人类文明形态，是绝无仅有、史无前例、空前伟大的。中国式现代化，深深植根于中华优秀传统文化，体现科学社会主义的先进本质，借鉴吸收一切人类优秀文明成果，代表人类文明进步的发展方向，展现了不同于西方现代化模式的新图景。中国式现代化蕴含独特的世界观、价值观、历史观、文明观、民主观、生态观等及其伟大实践，是对西方现代化理论和实践的重大超越，打破了“现代化=西方化”的迷思。中国式现代化体现在方方面面，必然对司法现代化提出新的更高的要求。特别是中国式现代化要求正确处理效率和公平的关系，要求既要创造比资本主义更高的效率，又要更有效地维护社会公平，更好实现效率与公平相兼顾、相促进、相统一，这对司法现代化、司法如何做好公平公正与效率的有机统一提出新的时代命题。

作为中国式现代化的重要组成部分，中国式司法现代化更要在回应公平与效率的问题上给出符合时代要求和民众期许的答案。而公平

公正和效率的兼顾和平衡，高质效办好每一个案件，绝不能随意司法、本本司法、经验司法，更不能简单司法，必然要求做到精密司法，在法律自由裁量的空间中寻求、实现最佳的办案效果。如何让人民群众能感受、可感受、感受到司法公平公正，这本身就是精密司法的内在要求。从本质上说，司法不只是掌握法律知识就能做到公正。知识和文化不能等同，知识只是技能性的要求，文化必须浸润于心。让人民群众在每一个案件中感受到公平正义，感受的主体都是人民群众，这也是我国司法不同于西方司法的重要内容。只有秉持诚善理性的司法文化要求，善于释法说理，把法理情融为一体，精益求精，用更加耐心细致的方法，才能尽可能让社会各方面都认同司法处理结果。

**三、精密司法，解决司法粗放式弊端的时代呼唤**

中华文化有着优良的传统，但不可否认，在长期的历史演进过程中，也存在一些糟粕，在处理事情上的“差不多”“大概齐”等就是一种表现。这种表现体现在司法上，典型特征就是粗放式司法。比如司法管理上，运动式司法时有发生，这种资源投入不计成本，缺乏细节制度性规则，堵而不疏或治标不治本的方式更容易产生司法困境，不仅不能解决问题，反而成为问题的根源。比如，司法文书上释法说理不足，简单引用法条，当事人难以了解和理解为何要如此进行处理。比如，对法条的理解上，没有深刻理解法律的内涵和精神。以当前商品房买卖中，经常出现由于政府和开发商的原因（有时候是业主自己的原因），房屋购买以后没有及时过户登记，有的甚至居住十多年也没有办理过户登记，这种情况一旦开发商遇到纠纷，诉讼的一方往往抓住以房屋没有办理过户登记这个要点，要求查封业主的房屋，进而拍卖来偿还债务。单纯从表象上看，不动产以登记为原则，房屋没有办理过户登记，自然可以如此处理。但从法的精神和法律的本质要求上看，就必须更加深入细致分析法条背后蕴含的法理，才能作出符合民众和社会期许的判断。再如，多次盗窃的理解，不能仅仅从字面意义上去阐释，更多是针对扒窃、惯偷等虽然每次都偷很少东西，但需要上升到刑法处罚的情况。而这样的多次盗窃就要结合具体个案来判断，实现法理情的有机统一。所有这些法律上的问题，司法办案遇到的情况，要达到公平正义的实现路径之一就是精密司法，就要在纷繁复杂的法律争议中提取、归纳、总结最根本的争议点，从天理、国法、人情出发，精当、细致分析法律争议，把握关键点，作出最符合人民群众期待的司法处理。

粗放式司法弊端显而易见。这一点，从近年来认罪认罚从宽制度就可以得出结论。认罪认罚从宽制度的着眼点在认罪认罚，而落脚点在从宽量刑。从宽幅度过大或过小，导致量刑失当，会直接引起被害人不满、被告人失望、公众怀疑，则司法权威必将因此受损。刑罚学理论发展到现今，早已普遍承认刑罚本身即是一种“恶”，必须控制在最有必要的限度之内。在理论研究中，量刑一直作为难题而存在。司法实务中存在粗放式“估堆”量刑方法早已大受诟病，而量刑规范化制度又能否克服自身局限成为法官量刑的“趁手兵器”，学界莫衷一是。在认罪认罚从宽制度深化过程中，精准型量刑建议就是一个抓手，本质上也是精密司法的体现。司法实践中，不能囿于量刑权是审判权而认为精准量刑建议侵犯了法院的审判权。权力本质是人民的权力。审判权与检察权的边界不在于哪些权力是固有属于哪个机关的，而在于哪种方式行使更有利于实现司法公正，更有利于保护人民群众的权益。况且，最终裁决权还在于法院。精密司法，司法获得人民群众的认可，这才是司法的方向和未来。任何符合规律的事物必将有长久的生命力，其发展演进是不以人的意志为转移的，而不符合司法规律的事物，终归会回到事物的本源。精密司法符合司法规律，符合事物发展的态势，必然具有长久生命力。

## 四、精密司法，大国工匠精神的司法展示

百万年人类史，一万年文化史，五千年文明史，历史上工匠技艺的积淀，现实中留下的著名建筑等，都折射出中华民族工匠精神的悠久绵长。从《山海经》“义均是始为巧倕，是始作下民百巧”，到中国第一部工科著作《考工记》记述的木工、金工、皮革、染色、刮磨、陶瓷等30个工种，再到《荀子·儒效》“人积耨耕而为农夫，积斫削而为工匠”，鲁班、李春、李冰、沈括等世界级工匠大师，并在历史中形成的工匠精神，体现了中华文明的深厚文化底蕴和技术积淀。理论上，工匠精神是劳动者实现劳动幸福的价值旨归，是工匠在长期劳动过程中逐渐形成的一种职业素养，是劳动过程中产生的精神品质的沉淀。实践中，工匠精神是伴随着社会实践而产生的，基于社会实践的变化而变化，在实践过程中不断发展壮大的。习近平总书记深刻指出，大国工匠是我们中华民族大厦的基石、栋梁；要发扬严谨细致的工匠精神，一件一件来，久久为功，做出更大成绩。加快实现从“中国制造”向“中国创造”“中国智造”、从“中国速度”向“中国质量”、从“中国产品”向“中国品牌”的转变，从制造大国向制造强国迈进，更加需要弘扬、提倡工匠精神。

司法亦如此。司法处断也需要更多像“断指铁人”王尚典、“火药雕刻师”徐立平、“两丝”钳工顾秋亮一般的能工巧匠、大国工匠。“工匠型人才”守匠心、习匠术、明匠德，以大国工匠为目标，在追求自身价值的过程中，为实现中华民族伟大复兴的中国梦、推进中国式

现代化贡献智慧力量。当前我国正处于百年未有之大变局，社会矛盾加速演变、司法实践错综复杂、群众需求趋于多元。司法者必须传承、弘扬执着专注、精益求精、一丝不苟、追求卓越的工匠精神，及时发现和弥合法律条文与司法实践之间哪怕细微的错位、缺位等问题，在熟练、精准应用法律基础上，善于从纷繁复杂的法律事实中准确把握实质法律关系，善于从具体法律条文中深刻领悟法治精神，善于在法理情的有机统一中实现公平正义，在精湛法律技艺基础上稳妥处理好价值和价值之间的位阶关系、价值判断和法律规则的碰撞关系等，高质效办好每一个案件，让人民群众感受到公平正义就在身边。

事实上，面对案多人少矛盾，在繁重的办案压力面前，不少司法者感受到自身职责使命的同时，往往遇见的更多是具体而细微的法律适用过程，包括繁杂琐碎的沟通、交流。如果没有工匠精神，做不到精密司法，可能会处处被动，有时甚至会陷入无奈又无力的境地。“工匠精神”简单地说就是工匠不断雕琢自己的产品、改善自己的工艺，精雕细琢、精益求精。“工匠精神”本质上体现的是严谨、细致、耐心、专注、专业、敬业。“工匠精神”要求我们把职业定位为“司法工匠”“法律工匠”，充分认识到所经手的每一个案件都是不一样的，每一个案件背后都是人的生命、财产、自由、尊严等，都需要精益求精，对每一个事实、每一份证据、每一个司法程序、每一个细节都左右推敲、细致审查，不放过任何一个疑点，让法律事实无限接近客观事实。只有工匠精神、精密司法，才能让自己办理的案件经得起时代的测验、法律的考验和历史的检验。历经弥久、传颂至今的经典判例，都是司法者秉持“工匠精神”、精密司法而留下的传世之作、不朽篇章。把“工匠精神”、精密司法落到实处，才能让公平正义融入每一个案件中，让每一个司法产品都经得起岁月的洗礼。

# 2025年《刑事检察工作指导》征订单

《刑事检察工作指导》是由最高人民检察院第一至第四检察厅联合主办的全国刑事检察业务唯一公开出版的指导性刊物，自2019年创刊以来，最高检院领导高度重视刊物的组稿和发行工作，第一至第四检察厅组成的编辑部严格征选稿件，刊物始终保持高起点高站位权威性，已成为全国检察机关刑事检察部门和广大刑事检察人员学习刑事检察工作政策，了解刑事司法改革方向，探讨刑事理论前沿成果，交流刑事检察实务经验的重要平台。

《刑事检察工作指导》始终遵循“三个坚持”，即坚持指导刑事案件办理为中心的办刊宗旨，坚持助推“做优做强刑事检察工作”的目标定位，坚持发挥理论性与实务性、指导性与交流性相结合的平台作用。

《刑事检察工作指导》2025年出版四辑，每辑定价60元，四辑总定价240元（免邮资），面向全国公开发行。具体订购方式及回执附后。

**中国检察出版社各省订购负责人：**

盛丹　010-86423727　18101137660（微信同号）传真010-68659465

（北京、天津、山西、陕西、河北、黑龙江、吉林、辽宁、内蒙古、青海、山东）

董艳芬　010-86423726　18101137661（微信同号）传真010-68659465

（河南、浙江、江苏、安徽、上海、福建、甘肃、江西、新疆、西藏）

薛建娜　010-86423728　18101137662（微信同号）传真010-68659465

（广东、广西、海南、重庆、四川、云南、贵州、湖北、湖南、宁夏）

中国检察出版社

2024年11月

# 2025年《刑事检察工作指导》订购回执单

<table>
<tr><td>订购单位名称</td><td colspan="2"></td><td>经手人</td><td></td></tr>
<tr><td>地　址</td><td colspan="2"></td><td>电　话</td><td></td></tr>
<tr><td>纳税人识别号</td><td colspan="4"></td></tr>
<tr><td>电子发票<br>接收邮箱</td><td colspan="4"></td></tr>
<tr><td>机代码</td><td>名　称</td><td>定价</td><td>订数</td><td>金额</td></tr>
<tr><td>D2025</td><td>2025年《刑事检察工作指导》（1—4辑）</td><td>240.00</td><td></td><td></td></tr>
<tr><td colspan="5">最新刑事检察相关图书</td></tr>
<tr><td>A44053</td><td>刑事检察文书写作规范与指导（上下册）</td><td>258.00</td><td></td><td></td></tr>
<tr><td>A44054</td><td>刑事检察重点文书撰写技巧及范例</td><td>176.00</td><td></td><td></td></tr>
<tr><td>A44055</td><td>刑事名案优秀检察法律文书评述</td><td>168.00</td><td></td><td></td></tr>
<tr><td>A44056</td><td>优秀刑事检察法律文书点评（上下册）</td><td>248.00</td><td></td><td></td></tr>
<tr><td>A44039</td><td>轻伤害案件办案指引</td><td>68.00</td><td></td><td></td></tr>
<tr><td></td><td>2024年《刑事检察工作指导》（合订本）</td><td>240.00</td><td></td><td></td></tr>
<tr><td colspan="2">合计金额（大写）</td><td colspan="3">万　仟　佰　拾　元整</td></tr>
<tr><td colspan="5">备注：收到汇款后三个工作日内，发票将发送至电子发票接收邮箱内！</td></tr>
</table>

# 订购方式说明

**第一种　网站订购**（www.zgjccbs.com）（不用发传真、款到开票）

1. 网站下单，直接在线支付（微信、支付宝）

2. 网站下单，银行汇款需备注订单编号后 6 位数字

网站订购负责人：张惠 010-86423745、18101137669　技术咨询 010-86423763

**第二种　微信订购**（仅支持微信在线支付）

1. 使用微信扫描二维码可直接在线订购

2. 了解最新书讯请关注“中国检察出版社”微信公众号

**第三种　传真订购**

将书款汇至出版社账号后，发送订书回执单传真至 010-68659465

**中国检察出版社账户信息**

**户　名：**中国检察出版社有限公司　　**开户行：**建设银行北京西山枫林支行

**账　号：**11050164860000000056　　**行　号：**105100050751